做不扫兴的父母

**YOU'RE
THE BEST**

张君燕 – 著

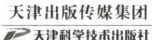

天津出版传媒集团

天津科学技术出版社

图书在版编目(CIP)数据

做不扫兴的父母 / 张君燕著 . -- 天津 : 天津科学

技术出版社 , 2024.7（2025.1 重印）. -- ISBN 978-7-5742-2240-3

Ⅰ . G78

中国国家版本馆 CIP 数据核字第 2024WP6773 号

做不扫兴的父母

ZUO BU SAOXING DE FUMU

责任编辑：刘　鸫

责任印制：兰　毅

出　　版： 天津出版传媒集团
天津科学技术出版社

地　　址：天津市西康路 35 号

邮　　编：300051

电　　话：(022) 23332400（编辑部）

网　　址：www.tjkjcbs.com.cn

发　　行：新华书店经销

印　　刷：运河（唐山）印务有限公司

开本 880×1230　1/32　印张 7.5　字数 180 000

2025 年 1 月第 1 版第 2 次印刷

定价：52.00 元

　　孩子用积攒的零花钱，为你买来一束花，虽然芬芳的花香让人心醉，但你还是忍不住说："谁让你乱花钱的？以后别买了。"

　　孩子悄悄钻进厨房，笨拙又忙乱地炒了几个菜，你感受到了孩子的用心，却皱着眉头说："看你把厨房弄成什么样子了？真是添乱！"

　　孩子和你分享喜欢的新专辑，你"啧"了一声，说："成天搞这些乱七八糟的东西，心思都不用在正经事上。"

　　孩子给你看可爱的小狗视频，你立刻板起了脸说："你可别发神经去养狗，自己都懒得打理自己呢。"

　　孩子带你去饭店吃饭，面对一桌佳肴，你开始挑刺儿："这道菜的成本也就十来块钱，不如自己在家做，便宜还健康，花这冤枉钱干啥？"

　　……

　　亲爱的家长们，你们有没有说过类似的话？在孩子最高兴的时候，兜头泼一盆冷水，扫了孩子的兴致，自己也落个不开心。

这是家长们想要的结果吗？当然不是，他们比任何人都希望孩子快乐，却在无意中伤害了孩子。这种伤害会让孩子幼时惶恐无措，长大后委屈和失望，甚至需要用漫长的时间去治愈童年。

不能懂得，不会理解，不愿迁就，这些"扫兴"的行为背后，是亲子之间价值观和生活方式的碰撞，是孩子的情绪和需求被无视的体现。而这是当下很多父母存在的问题，也是很多孩子觉得父母扫兴的原因。

没有父母不爱自己的孩子，这是公认的事实。但另一方面，没有人天生就是父母，他们是在有了孩子之后才成为父母。所以，爱需要学习，父母也需要持证上岗。高尔基说过："爱护自己的孩子，这是母鸡都会做的，但教育好孩子却是一门艺术。"优秀的父母需要超越爱孩子的本能，持续地学习、持续地成长。

很多时候，最需要接受教育的是父母，而不是孩子。本书通过一个个具体生动的实例，复原生活里的场景，通过科学实用的方法巧妙、智慧地解决孩子成长过程中可能遇到的问题；带领读者走进孩子的心灵，倾听和分享孩子的喜怒哀乐，与孩子共情；告诉他们如何做优秀的父母。

不扫兴的父母，经常把开心挂在脸上，由内而外散发出来的松弛感和精神上的富足，会感染孩子、打动孩子，让孩子沐浴在爱的氛围中，变得更加健康，更加快乐，更加自由。

目 录

C O N T E N T S

Part 1 高质量的亲子关系，
不是扫兴，是助兴

Part 4 | 不要太在意孩子，
赋予 TA 成长的能力

Part 5 | 批评与否定，
会让孩子变得没有安全感

高质量的亲子关系，
不是扫兴，是助兴

父母若想教育好孩子，首先就要把亲子关系建立好。父母只有从孩子的角度出发，"接住"孩子的喜悦，孩子才能愿意与父母分享自己的日常。这种分享多了，父母才能更加了解孩子，才能更懂得如何爱孩子。

打开正确有效的
夸赞模式

　　在幼师实习培训课上，我望着台下一双双充满憧憬和期待的眼睛，开口道："你们会夸孩子吗？"台下朝气蓬勃的年轻人们互相对望了几眼，眼神里有不解，更有不屑。

　　一位梳着马尾的女孩站了起来，自信地说："老师，我们在学校的时候就学过赏识教育，对待孩子，夸奖是必不可少的哦。"这时，另一位高挑的女生站了起来，说："作为老师，孩子的一举一动都需要看在眼里，及时夸奖，孩子只有在夸奖中才能进步。"接下来，这群实习生你一言我一语，一个个都信心满满的样子。

"是的，你们都知道夸奖的重要性，也自信可以很好地夸奖孩子。可是，你们真的会夸孩子吗？"迎着他们疑惑的目光，我微笑着说，"我先给大家讲几个小故事吧。"

一天早上，一个叫童童的小男孩入园时穿了一件很帅气的小夹克，这让平时见惯了他朴素穿着的老师很是意外。老师由衷地对他说："童童，你今天穿的小夹克真好看，好帅啊。"听到老师的夸奖，看着小朋友们羡慕的眼神，童童得意极了。可是后来，童童妈妈来幼儿园反映，说以前对衣着从不挑剔的童童现在每天早上都要挑衣服穿，要是对衣服不满意，他就哭闹着不愿意来幼儿园。

有一天，幼儿园转学来了一位小女孩。小女孩长着一双大大的眼睛，圆圆的脸蛋白里透粉，可爱极了，再配上一头微卷的短发，整个人就像一个洋娃娃。自从她来了幼儿园，见到她的老师都会情不自禁地夸奖："小姑娘长得真漂亮，像洋娃娃。"时间长了，每次小姑娘犯错误，总是一副无所谓的表情，有一次老师批评她时，她竟然说："我长得漂亮，大家都喜欢我，你为什么批评我呢？"

还有个叫亮亮的小男孩特别内向、胆小，他的父母要求老师多鼓励他、夸奖他。老师们也觉得赏识教育可以增强孩子的自信，培养孩子大胆的性格，便对他格外照顾起来，总是鼓励他，说："亮亮最棒了，亮亮一定可以完成的，亮亮是最聪明的小朋友。"在老师的鼓励下，亮亮内向的性格确实改变了很多。但一次运动比赛时，亮亮看到自己跑了最后一名，竟然愤怒地跑到前面去，把跑第一名的小朋友推倒在地，自己还伤心地大哭起来。

我顿了顿，看着台上的实习生们接着说："你们看，故事里的老师们是不是也对孩子进行了赏识教育，可是结果却并不理想，甚至有违初衷。这是怎么回事呢？""没有夸对地方。"台下一位小姑娘抢先回答。"是的，这就是我问你们是否会夸孩子的原因。"我满意地点了点头。

夸奖孩子一定不要着重夸那些外在的、不是靠自己获得的东西，要夸他们的聪明、勇敢、爱劳动、爱整洁等靠自己的努力和勤奋获得的东西。孩子的成长离不开父母和老师的夸赞，而正确有效的夸赞才不会浪费孩子成长的每个契机。

把"父母"当成职业，
走进孩子内心

女儿的自律能力非常强，小小年纪就很自觉，放学后总是先做作业，然后才会提出看电视或者去外面玩。这大大减轻了我的压力。每天下班回来，我只需要对女儿说一句"依依，先写作业"，然后就可以去忙自己的事情。做完饭后，坐在女儿身边一边陪着女儿写作业，一边拿出手机刷刷微信、微博，或者和朋友们聊聊天，有时干脆抱着电脑玩游戏。

偶尔女儿遇到不会的问题，我匆忙扫一眼，快速地给她讲解一番，便继续投入自己的忙碌中。一直以来，倒也相安无事，我也从来没有觉得有什么不妥。

一个周末，朋友带着女儿茜茜来家里玩。依依和茜茜年纪相仿，俩小丫头一见面就开心地抱在一起，嬉笑着躲到屋子里玩玩具。我和朋友坐在沙发上聊天，突然想起女儿还有一大堆作业没写，我就转头对屋子里的女儿喊："依依，快出来写作业了，正好让茜茜姐姐教教你。""茜茜也带着作业呢，俩人可以一块做。"朋友笑着说。依依和茜茜应声出来，乖乖地坐到了书桌前。

朋友起身，搬了一把椅子，端正地坐在茜茜旁边，轻轻摸了摸茜茜的头，眼神里满是柔情地说："认真写作业，妈妈陪着你。"茜茜点了点头，甜甜地笑了。看到朋友如此，我也坐到了女儿旁边，照例掏出手机自顾自地玩了起来。过了半个小时，茜茜的作业已经完成了，可依依的作业才写了一半。这丫头，效率怎么这么低呢？

"你过来一下。"朋友对我点了点手，起身带我来到阳台。"什么事呀，神神秘秘的？"我疑惑地问。朋友指着我手里的手机问我："你平时就是这么陪女儿写作业的？"我笑了笑，略带得意地说："俺家孩子就这点好，写作业特别让人省心，根本不用我操太多心。"朋友摇了摇头，认真地说："不是孩子省不省心的事，你以为你在孩子身边玩手机就算是陪她了？孩子还小，嘴上不说什么，可是你的行为却会对她产生影响，甚至会让孩子也养成做事不专心的习惯。"

朋友的话顿时让我愣住了。她又接着说："陪伴应该是全身心的关注，只有这样，才会让孩子感受到真诚和温暖。"仔细咂摸着朋友的话，我不由地点了点头。怪不得茜茜做作业的效率那么高，也许原因就在此呢。"其实，有时在孩子面前，'妈妈'更是一种职业，我们应该拿出点敬业的精神，认真投入地对待，而不是这样三心二意地应付了事。"朋友最后的一段话更让我感触颇深。

回到女儿身边时，我收起了手机，微笑着坐了下来。似乎感受到了我专注的目光，女儿惊喜地回过头来，眼神里充满了欣喜。我轻轻拍了拍女儿的脸蛋，女儿回报给我一个甜甜的笑容，转身继续写起了作业。那一次，女儿的作业竟完成得又快又好。

儿童教育专家卡特琳娜·盖冈说："真正的陪伴，不是一直在场，也不是溺爱式地围着孩子转，而是取决于父母掌握了符合孩子各年龄阶段的交流方式。"只有把父母当作"职业"，走进孩子内心，全身心地陪伴，一起成长，才能换来孩子高效率的做事效果。

儿子玩游戏上瘾，
另辟蹊径有奇效

有段时间，一向勤奋好学的儿子突然变得马虎起来，放学回来不大一会儿就把作业写完，然后把书包一甩，就钻进了自己的房间。我拿起他的作业一检查，气得鼻子都要歪了：字体潦草不说，还有很多做错的地方，一看就是粗心的结果。我气呼呼地去推儿子的房门，没想到这小子竟然把房门反锁了。

敲了半天门，儿子才把房门打开一条缝，探出脑袋问我："干什么呀，妈？""你看看你写的作业。"我把作业本摊在他面前，指着出错的地方，他看了一眼，嬉笑着说："妈，我确实有点马虎了，但我今天有点不舒服，才想快点写完休息会儿的。"听了儿子的解释，我不好再说什么，只是把作业本递给他让他自己改改。

可是一连几天都是这样，甚至大有愈演愈烈之势，连老师都打来电话，说儿子上课注意力变得不集中了。这让我顿生怀疑，这小子不会是躲在房间里做什么坏事吧？这天儿子进屋后，忘了锁门。我悄悄地走进去，他正聚精会神地玩游戏呢，根本没有察觉到我的到来。怪不得呢，原来这小子迷上了网游，呼朋引伴玩得很起劲。我顿时如临大敌，强硬地把儿子拽了起来，同时关掉了电脑。

在客厅里，我跟老公轮番上阵，给儿子讲网游的害处，讲学习的重要性。刚开始儿子还点着头，可后来他竟然变成了一副无所谓的样子。好坏歹话我们都说尽了，他却仍是无动于衷。我们采取强制措施，他就跟我们玩捉迷藏，瞅着机会就要偷偷玩上一会儿。我跟老公简直都要崩溃了。

这天晚上睡下后，我发现儿子房间里还有微弱的灯光，我披上衣服悄悄地走进去，儿子果然又在玩游戏。没等儿子开口，我先说："儿子，教妈妈玩吧，咱们一起玩。"儿子显然没有想到我会这么说，但看到我认真的表情，他笑了，说："行，来吧。"

之后的一段时间，只要有时间，我就跟儿子一人一台电脑，在游戏里拼杀。有了我这个同盟，儿子玩得更加起劲了。一个周日的中午，正在玩游戏的儿子对我说："妈，你别玩了，先去做饭吧，我饿了。"我应了一声，却没有起身，仍然继续玩着游戏。又过了一会儿，儿子喊道："妈，快去做饭呀，我饿死了。""嗯，再等会儿。"我一边玩游戏，一边随口应道。这时儿子霍地站起身来，走到我面前拍着桌子大声嚷道："有你这么当妈的吗？玩游戏就那么重要？你玩也得有个节制吧，正事不能耽搁了呀！"看着儿子气愤的样子，我停下游戏，抬起头平静地对他说："你也知道玩游戏要有节制？也知道不能耽搁正事？"正在恼怒中的儿子听完我的话，脸色突然一变，继而低下了头。

我在做饭的时候，儿子走进了厨房，他低声跟我说："妈，我错了，我不知道自己玩游戏会让你那么生气。"儿子沉默了一会儿，接着说，"可是，我还是想玩一会儿。""妈没说不让你玩，但是你得有个节制。"我赶紧趁机说，"这样吧，我们来定个规则，每周玩几次，每次多长时间，我们写下来，好吗？"儿子忙不迭地点着头，我又补充道："既然写了规则，我们就一定要严格按规则行事，你能做到吗？""我能。"听到儿子坚定的回答，我欣慰地笑了。

由于这是儿子亲自参与制定的规则，所以他心甘情愿地按照规则办事。时间久了，他突然觉得玩游戏也没什么意思，于是慢慢地从昔日沉迷的网游中走了出来。

有一种战术叫"打进去，拉出来"，只有走进去，与对方融为一体，才能真正了解对方、成为对方、超越对方，走别人的路，让别人无路可走。在亲子教育中也是如此，另辟蹊径，往往有奇效。

放低姿态，
倾听孩子的"实话"

在网上闲逛时，看到一个国外的视频，视频内容是采访孩子们对家长的看法。在一间屋子里，孩子们坐在主持人对面，主持人请孩子们直言不讳地说出对父母的真实想法。

没有父母在身边，孩子们显得特别轻松。主持人问："你们的爸妈有没有做过什么蠢事？"杰米略带腼腆地说："我爸爸很暴躁，而且喜欢说脏话。"他的回答让大家在笑的同时，也纷纷开始畅所欲言。

主持人又问："你对爸妈有什么无法当面讲的事吗？或者你

瞒着他们干过什么坏事？"劳拉吐着舌头说："趁爸妈不在家的时候，我偷吃了彩虹糖。""有一次，我把冰箱门上的把手弄坏了，就悄悄地粘了上去，后来妈妈开冰箱时，把手又掉了，直到现在，妈妈都以为是她弄坏的。"威廉忍不住捂着嘴笑。凯莉抢着说："妈妈不准我们站沙发上，于是她不在家的时候，我们就都站上去了。"

接下来，主持人又问："那么，你们希望父母能做一些怎样的改变呢？"孩子们有的说想要爸爸改掉抽烟的坏习惯，有的说希望妈妈不要再动不动就发火……杰米说："其实很多时候，我们做了错事也很内疚，但怕被爸爸打屁股，就不敢说了。如果父母能认真听取我们的意见，我想，我们一定会变得更好的。"

孩子们的话刚说完，主持人身边负责记录的"陌生人"们突然站了起来，当他们取下头上的假发和脸上的装饰时，孩子们都吃惊地瞪大了双眼：原来，他们是自己的爸爸妈妈假扮的！孩子们反应过来后，赶紧上前撒娇卖萌。不过父母们并没有生气，反而真诚地接受了自家孩子的评价，并感动地给了孩子一个温暖的拥抱。

其实，作为父母，我们真的需要有这样的机会，去直接了解孩子们的真实想法，这样我们才能不断调整和改正自己，努力做到更好。可很多时候，我们常常会忽略孩子们的内心，没有给孩子们足够的尊重，最终导致了与孩子们之间出现隔膜。

　　如果有机会，请放下我们所谓的"威严"和"面子"，准备好勇气，并花点小心思，来倾听孩子内心真实的声音吧！

改变"鸡飞狗跳"的
辅导作业模式

家长们说起教孩子写作业的经历，那绝对可以滔滔不绝地讲上几天，孩子们的各种罪状简直可以算是"罄竹难书"了。网上也有很多关于这方面的吐槽，如"你就是上天派来收拾我的""感谢大哥没有把我气成脑溢血""作业什么的无所谓，命重要"……辅导孩子写作业几乎成了家有学生的家长们无法逃脱的梦魇。

我家当然也不例外。我的工作相对自由，空闲时间多一些，所以家里孩子的作业基本上都是由我来辅导。儿子刚上一年级学加减法的时候，小括号如果在等号后面，也就是"几加几等于几"之类的题，他能算明白。但是，如果把小括号放在等号前面，他就迷糊了，无论如何都反应不过来，算题基本上靠猜。我指着作业本问："三加几等于八？""十一？"儿子看着我的脸，小心翼翼地说。听到这个答案，我的音量陡然提高了几倍："什么？你怎么算的，啊？"儿子赶紧改口："哦，哦，那是五？"我但凡稍一停顿，儿子立刻就又不确定地补充："要么是十？"生生地把计算题做成了选择题，让一旁的我哭笑不得。

讲了几次之后，儿子似乎还不明白，我的耐心消耗殆尽，火气一下就蹿了上来，着急地冲他嚷嚷："这么简单你都不会？"被我这么一说，儿子似乎更加迷糊，看着作业本一个字都写不出来了。

见状，母亲把我叫到一旁，悄声对我说："你小时候数学不也总是学不好吗？"我承认，小时候我的数学成绩确实不太好，可一码归一码，我总不至于连教一年级的孩子的资格都没有吧？何况这题这么简单！母亲笑了笑，说："是，你有资格。可是你光在这里发火抱怨有什么用？你别总说孩子'这么简单都不会'，你问问自己，这么简单为啥你都教不会？"

我愣住，一时间竟不知道说什么好。是呀，我一遍又一遍地质问孩子"这么简单都不会"，为什么没有想过问自己一句：这么简单你都教不会？我们总是习惯性地认为错误在孩子头上，当然这确实也主要是孩子的问题。但是，我们当家长的就没有问题吗？正因为孩子不会，才要我们辅导呀，但是到最后，我们无法把孩子教明白，却把责任撇得干干净净，把所有的问题又推到了孩子头上。

后来，我在网上查找了一些视频资料，又向孩子的老师请教了讲题的方法，然后不断地提醒自己要耐心一点，再耐心一点。那天晚上，我坐在儿子身边，用一种新的方法来给他讲解，直到儿子恍然大悟地连连点头，并能准确而肯定地说出答案。

人们喜欢说"换位思考"，那么，家长辅导孩子作业忍不住着急发火的时候，不妨先问自己一句：这么简单你都教不会吗？而不是质问孩子"这么简单你都不会"。这样一来，家长和孩子之间会少很多剑拔弩张，取而代之的是和谐欢乐的氛围。

当女儿收到了"绝交信"

女儿放学了，一向笑逐颜开的她却拉着一张脸，问她话也不回答，心不在焉的，似乎有什么心事。我把水杯递给她，她咕咚咕咚喝了两口水，便坐上了电瓶车后座。我也没有多问，我知道，如果真的遇到什么事情，她会主动和我说的。

果然，回家后，女儿从书包里掏出一个什么东西，闷声说雯雯要和她绝交，这是雯雯写的绝交信。两张粉色的信纸，背面印着好看的图案，被叠成一个整整齐齐的小方块。如果不说是"绝交信"，我还以为是一封缠绵悱恻的情书呢！

　　对于雯雯这个孩子，我一点都不陌生。她是女儿的好朋友，她的名字经常从女儿的嘴巴里蹦出来，每次说起在学校里发生的趣事，女儿总免不了提到雯雯。我也见过雯雯，是一个文静、可爱的女孩子。可是，关系好好的两个人，怎么突然就要绝交了呢？

　　女儿说，前段时间，她报名参加了学校组织的一次演讲。在准备期间，她一直向隔壁班的班长请教、探讨，可能因此忽略了雯雯。说到这里，本来一脸伤心的女儿似乎突然生气了，她说："这不是很正常的事情吗？作为好朋友，雯雯不是应该理解我、支持我吗？再说了，大家都说友谊是宽容的，即使我有错误，她就不能包容一下吗？或者也可以提出来，我好改正。可什么都没说就绝交，这也太不可理喻了！"最后，怒气冲冲的女儿又小声补了一句："看来雯雯一点都不在乎我们之间的友谊。绝交就绝交，有什么了不起的！"

　　看着女儿涨红的小脸，我拍了拍她的肩膀，说："恰恰相反，这正是她在乎的表现。""在乎还要绝交，这不是自相矛盾吗？"女儿不解地辩驳。我反问道："你会不会给隔壁班一个只有点头之交的同学写绝交信呢？""当然不会，我们不算朋友，连交往都没有，何来的绝交呢？"女儿理所当然地回答。"对呀，只有看重彼此之间关系的人才会绝交。否则交与不交都无所谓，雯雯也不会煞费苦心地写下密密麻麻的两页纸，还精心挑选了你喜欢的粉色信纸。"我笑着说。

女儿若有所思地点点头，脸上有释然，似乎也有一丝羞愧和自责。我没有再继续说下去，转身进厨房做饭去了。我想，女儿自己一定能处理好这件事情的。

第二天，一向爱睡懒觉的女儿早早地起了床，一个人待在厨房做蛋挞。做好后，自己连尝也没尝，就全部小心翼翼地装进了袋子里。然后，她对着一脸疑惑的我眨了眨眼睛，一副让我"拭目以待"的样子。我笑了笑，识趣地没有多问。

不过令人意外的是，晚上放学时，蛋挞被原封不动地带了回来。女儿摊开双手，无奈地笑了一下，眼神中有一丝失落和沮丧。但很快，她又打起精神，开始向我讨教烘焙蛋糕的技巧。当然，转天上学的时候，女儿带上了刚出炉的松软香甜的蛋糕。

一连好几天，都是如此。周末时，女儿神秘地对我说："明天会有同学来做客，请协助我做好招待工作哦。"果然不出我所料，周末上午来我家里做客的正是雯雯。雯雯礼貌地跟我问好，然后和女儿有说有笑地进了房间，看样子，似乎比以前更加亲密友好。

"不是赌气说绝交了吗？怎么又亲密无间了？"雯雯走后，我笑着打趣。女儿羞赧地一笑说，那天晚上，她反思了自己，觉得是自己有意无意对雯雯的忽略，让雯雯产生了误会，进而伤心、难过，甚至产生了放弃这段友谊的念头，所以雯雯才会写下那封绝交信。想通了后，女儿没有再生气，而是对雯雯解释了误会并真诚地道歉，还用做甜品的实际行动来表达自己的歉意。当然，雯雯最终也原谅了女儿，两个人又重归于好了。

女儿说："一封绝交信，让我看到了雯雯对于我们之间友谊的重视。所以，我更要懂得珍惜，而不是赌气放弃。我要让她明白，在我心底，她永远是我最好的朋友。"

孩子的阅历和认知都很有限，有些时候难免会因为误会而错失一些珍贵的东西，比如青春的友情。作为父母，我们要适时地教育和引导，尽量让他们的成长之路少一些遗憾，多一些美好。

让孩子掌握
学习的主动权

儿子一进家门，从书包里掏出两张试卷，"啪"的一声拍在桌子上，然后一脸得意地看着我。"今天是怎么回事，这么嚣张？"我半是不解半是好笑地问。儿子不说话，只是用眼神示意我看试卷。我拿起试卷，看到上面两个鲜红的100分，这才明白过来——原来，儿子这是向我"表功"来了。

"乖儿子，考得不错！"我忍不住笑起来，并把儿子揽在怀里。儿子却挣脱我的怀抱，把一只手伸到我的面前说："说吧，打算给我什么奖励？"就在我考虑拿什么作为奖励时，儿子接着说：“我让你高兴了，你就应该奖励我，最好能满足我提出的所有要求。”

什么？儿子考试成绩不错，适当给点奖励鼓励一下当然可以，但儿子理所当然的语气以及那句“我让你高兴了”却让我感觉格外刺耳。没错，看到儿子的成绩，我确实很开心，为他的付出得到回报而感到欣慰。可是，更开心的不该是他自己吗？毕竟他是为自己学习：从大的方面说，现在的努力是为了将来能够为社会做出贡献；往小了说，是为了将来自己能有更多的选择。但是很显然，儿子似乎认为他学习是为了我，正如网上说的那样“学习使我妈快乐”——儿子从什么时候开始有了这种意识呢？

儿子回房间后，我坐在沙发上想，是不是自己的某些言行不太妥当，让儿子产生了这样的意识？反思之后，我找到了答案：对儿子的学习我插手太多，而且太过积极主动，比儿子还要上心。他考了好成绩，我比他还要开心；他的成绩下降，我比他还要着急。长此以往，儿子难免会产生一种错觉，觉得学习是我的事情，而不是他自己的事情。似乎我成了主角，而儿子只是配角。看来，是时候改变一下了。

晚饭后，我没有像往常一样催着儿子写作业，也没有督促他去阅读打卡。儿子磨蹭了一会儿之后，突然问我：“妈妈，你怎么不喊我写作业？”我看着他说：“你长大了，妈妈相信你可以独自完成学习上的事情。"感受到我话语里的认同和鼓励，儿子露出了笑容，立刻转身坐在书桌前，开始写作业。写完作业后，又拿出一本书开始阅读。不到9点钟，儿子就完成了全部的学习任务，而且作业全都做对了。要知道，平时我再三催促，他有时也会拖到10点来钟呢。

儿子收拾好自己的书包，还准备了第二天要带的水杯等物品。在做这些事情的时候，儿子显得很高兴，兴致很足，脸上还带着自豪的神情。

其实，学习会给每个孩子带来快乐，但我们大部分的父母却用过多的干涉，无意中抢走了原本属于他们的快乐，同时也打消了孩子学习的积极性，甚至使他们觉得"学习使我妈快乐"。这快乐原本是属于孩子的，家长要学会把快乐还给孩子，让他真正地感受到"学习使我快乐"。

掩盖问题不是保护孩子，
了解问题才是

当14岁的女儿坐在我面前，一本正经地跟我说她想要文身时，我一下子懵了。一瞬间，脑子里有无数个问号闪过：她为什么要文身？是不是结交了不良的朋友？难道遇到了坏人？受到坏人的引诱，甚至是胁迫？……

我努力平复内心的激动，让自己冷静下来，假装若无其事地问："你为什么想要文身呀？""因为很酷呀！"女儿兴奋地说，"上周咱们全家去逛公园，我看到一个姐姐的脚腕上文着一朵玫瑰花，很漂亮，而且看起来特别酷。"

女儿这么一说，我倒是想起来了。当时，女儿偷偷盯着人家的脚腕看了好半天，还跟我说想去问问人家在哪儿弄的、疼不疼之类的问题呢。不过，爱人慌慌张张地拦住了，他对女儿说："小孩子家别问那么多。再说，文身有什么好的，不过像是一张贴画贴上去罢了。"

正想着，爱人把我拉到一旁，悄声说："赶紧让闺女打消这个念头。她现在还小，对文身根本不了解，可不能由着她乱来。"我何尝不是这样想的？只是处于青春期的女儿已经露出了叛逆的端倪，很多时候，我越阻止她做什么，她越是非要去做。这次似乎也不例外，看她一脸认真的样子就知道了。

该怎样说服女儿改变主意呢？我正在苦恼之时，突然想到了爱人说的那句话"女儿对文身根本不了解"——也许，这会是一个突破口！既然她不了解，那就让她好好了解了解呗，也许全面了解之后，她就不再感兴趣了呢。

可是，我的想法遭到了爱人强烈的反对。"我这边拼命掩盖还来不及，你倒好，大大方方地让她去了解？"爱人担忧地质问。我耐心地解释："正因为不了解，女儿才会觉得神秘，也才会更加好奇。那还不如索性放开了让她了解，让她知道文身的利弊，然后自己去权衡，说不定她能做出一个正确的选择。即使不能，咱们到时候再顺势引导也不晚。"

除了这个办法，那就只能生硬拒绝了。这样做有两个后果：一是女儿乖乖听话，放弃文身的想法；二是激起她的逆反心，让她更加坚定自己的主意。根据我们对女儿的了解，后者的可能性更大。经过一番分析之后，爱人同意了我的想法。我俩统一了战线，接下来的事情就好办多了。

我和爱人找来很多关于文身的图书，还从网上下载了很多资料，其中不乏图片和视频。看到这些，女儿一开始很开心，看得兴致勃勃，但当她看到国外一些人全身文满了花花绿绿的图案时，厌恶地撇了撇嘴。尤其是看到一些"清洗"文身后的图片时，女儿眼神里流露出来的简直就是恐惧了。

"很多年轻人想要追求酷和刺激选择了文身，在多元文化的包容下，倒也无可厚非。只是咱们的主流文化对于文身还不太认可，而且很多行业对文身有着明确的限制。你确定要文身而不怕因此影响你以后的选择？"我适时对女儿说。

女儿没有说话，似乎在默默地思考。看完所有的资料后，女儿笑着说："算了，我不文身了。文身好像也没有想象中的那么酷。"看得出来，做出这个决定后，女儿松了一口气。我和爱人对视一眼，也都松了一口气。

在孩子的成长过程中，很多父母可能都遇到过类似的情况。这时候，父母大可不必如遇洪水猛兽般慌张，忙着捂住孩子的眼睛。孩子看不见，不等于危险不存在。要知道，掩盖从来不是最好的保护。父母应该让孩子看到这些东西，甚至带领他们去深入了解，然后再教导他们该如何面对这些东西。而这，才是最好的保护。

构建自己的
情绪衡量标准

放学回来，儿子兴奋地告诉我，他得到了一个小奖励。他伸出手来，小心翼翼地把攥在手心里的一枚小小的徽章捧给我看。

我正打算夸他几句，突然想起一个问题："班里有几个人得奖？"儿子还在细细把玩那枚小小的徽章，漫不经心地说："我没留意几个，反正不少人都得到了呢。"我把即将出口的夸奖咽了回去，失望地说："哦，我还以为只有你一个人得奖了呢，原来那么多人都有奖励。"

儿子把小徽章放进口袋，又用手轻轻按了一下，心满意足地说："不管是我一个人得奖，还是全班每个人都有，对我来说是一样的呀。只要我能得到就好了。"

"我能得到就好。"这句话突然触动了我，孩子的衡量标准很单纯，却又让人无法反驳。我喜欢这个东西，并且通过努力最终得到了这个东西——这难道不是一件非常值得开心的事情吗？和别人有没有得到有什么关系呢？

然而在现实中，却有太多太多的人忘记了这个最简单的理念，无法掌控自己的情绪，把喜悦和愁苦这些简单的情绪变成了一道道复杂的数学题。

得到了想要的东西，如果开心之前还要数一数还有多少人和自己一样，甚至比自己得到的更好，那我们根本就高兴不起来，因为这个数字越大，我们的喜悦就越少。如果这个数字无限大，或者别人得到的东西无限好，我们的喜悦甚至会变成失落和难过。哪怕这个数字跟我们毫无关系，哪怕更好的东西我们并不想要。

有时候，得不到想要的东西，在短暂的沮丧之后我们会拼命抓住一根救命稻草：还有多少人没有得到？这个数字越大，我们的失落就会越小。如果这个数字无限大，或者别人的境况更差，我们的愁苦可能就会消失，甚而变成一种微妙的、自己也不愿意承认的喜悦。

也许我们这些自以为是的大人应该忘掉那些所谓的数字，在养育孩子的过程中，学着像孩子那样构建自己的情绪衡量标准。我能得到就好，不去管别人有没有得到。毕竟，别人或者别人的孩子怎样一点都不影响你自己的所得。

把"改天"变成一个一个具体的承诺

前段时间，女儿突然对我说："妈妈，你都好久没有带我去公园玩了。"我一想，也确实是，这段时间忙着赶工期，根本无暇顾及其他。看着女儿可怜兮兮的样子，我拍了拍女儿的小脸蛋，笑着说："行，等妈妈忙完了，一定带你去公园玩。""那什么时候去呀？"女儿立刻兴奋起来。"改天吧。"我随口回答。没想到，我一说完，女儿的眼神竟然黯淡下来，她噘着小嘴嘟哝道："又跟我说改天。每次一说改天，准没戏。"

女儿的话让我猛然一惊，可不是嘛，我都不记得自己跟女儿立下多少"改天"的承诺了。春天，女儿让我带她去踏青，我当时工作忙，便随口应下"改天吧"；夏天，女儿对游泳产生了浓厚的兴趣，嚷嚷着让我带她去游泳，我真懒得动弹，于是又用"改天"来搪塞；秋天，金黄的树叶洒满大地，女儿要我带她去森林公园里捡落叶做标本，可我休息的时间不固定，只好回答"改天"；现在已时至冬日，可当初许下的那些"改天"的承诺都还没有兑现，也难怪女儿会失望。

这天晚上放学，女儿没有先写作业，而是打开电视看起了动画片。"妞妞，先写作业去。"我对着女儿喊道。女儿应了一声，眼睛却还舍不得离开电视。我急了，说："快去呀。"没想到女儿回头瞟了我一眼说："改天。"说完，还挑衅似地看着我。顿时，我明白女儿的用意了。原来，小丫头是要以其人之道还治其人之身呀。想到此，我也颇感羞愧，自己的行为竟然给女儿带来了这么深的影响。长此下去，不仅会有损家长的威信，还会失去女儿对自己的信任。

"妞妞，听话，先写作业去。"我笑着说，"周日妈妈带你去公园玩。"女儿高兴地跳了起来："真的？"我点了点头。"真是我的好妈妈。"女儿喊着，马上关掉电视，坐到书桌前开始写作业。

孩子的心是一面镜子，你给他什么，就会在他的心里留下什么投影。别跟孩子说"改天"，请给他们一个具体的承诺。

不要急于求成，
允许孩子慢下来

假期里，我给孩子们布置了一个作业：写一篇游记。游记的内容可以是各地的名胜景点，也可以是家门前的小花园，只要写出自己的真情实感就可以了。

开学后，我饶有兴致地询问孩子们："假期去哪里玩了？"孩子们一下子兴奋起来，争先恐后地报出自己游玩的地方，像北京的故宫、长城，上海的外滩、城隍庙，杭州的西湖，等等。

本以为有了这些丰富多彩的亲身经历，孩子们的作文一定可以写得生动有趣。可看了孩子们的作文后，我却有一种说不上来的感觉。孩子们写得不是不好，有些在遣词造句上甚至达到了成人的水平。可是，缺点在哪里呢？连续读了十几篇后，我终于总结出来了——太过千篇一律。

明明去的是不同的地方，可孩子们写出来的却都像一个模子里刻出来的一样：假期里，爸爸妈妈带我去了××，这里环境优美，景色宜人，像是人间天堂……感谢爸爸妈妈带我来这里游玩，让我看到了祖国的大好河山，也度过了一个有意义的假期。随便一篇作文拿出来，把景点换一下，几乎就可以通用了。

这让我在哭笑不得的同时，也不由得反思，到底是什么原因造成了孩子们细节的缺失？关于细节的描写，我讲过很多次，孩子们也差不多都能熟练掌握，可为什么在这次作文中却如此缺乏呢？

在一节作文课上，我没有布置新的作文，而是让孩子们讲一下假期里游玩的经过，引导他们对细节的重视。班长于丽率先发言："爸爸妈妈带我去的是故宫，假期里，故宫里的游人很多，每个景点前都有很多人拍照留念，为了抢占一个好的拍照位置，再加上怕看不完那么多景点，妈妈不停地拉着我往前走。最后我们终于在闭馆前，参观完了所有的景点。"

"有没有哪个景点给你留下特别深刻的印象呢？"我启发道。于丽回想了一会儿，说："御花园里有一块大石头特别有趣，我很喜欢。""那你在作文里怎么没有提到呢？"我疑惑地反问。于丽挠了挠头，懊恼地说："我只看了一眼，还没来得及仔细观察，妈妈就着急地拉着我往前走了。"

"我也是。"语文课代表王媛媛似乎很有同感，"爸妈带我去的是焦作的云台山，我特别喜欢那里的泉瀑峡，在那里待上一天我也愿意。不过，我爸说还有很多景点没有看完，这里可以拍下来以后慢慢看，可拍下来再看还有什么意思呢？"

接下来，孩子们都讲述了自己游玩的经过，大部分都是父母催促，导致孩子没有仔细观察自己喜欢的景点。还有一些父母，直接"引导"孩子：这些景色是不是很雄伟壮观？看这些山石，有没有鬼斧神工的感觉……

听完孩子们的讲述，我大概弄清楚了孩子们写作文千篇一律的原因。都是因为大人太过急躁，步伐太过匆忙，不肯多给孩子一点观察的时间。没有仔细的观察，怎么会有对细节的描写？再加上大人们自以为是地灌输"好词好句"，不肯给孩子多一些思考的时间，孩子们的作文不雷同才怪呢！

其实，我很想告诉我们的家长，请再多给孩子们一点时间和空间，允许他慢一点，笨一点，让他用自己的节奏和方式好好地欣赏一处风景。也许他看不完全部的景点，写不出那些优美的句子，但他可以详细地描述故宫御花园里的那块有趣的石头，他会记得有那么一个阳光明媚的日子，父母陪着他静静地看着一块石头——这会成为他笔下最独特最难忘的一幕。

生活节奏很快，但我们的心要慢下来，尤其是面对孩子的时候。慢下来，给心灵留一段安静思考的时间，让孩子获得真正的人生体验。这种幸福的滋味很难得，也很珍贵。

Part 2

认知的觉醒：
你的孩子因你而来

没有完美的父母，同样，也没有完美的孩子。接纳自己的不完美，接纳孩子的不完美。家长只有先安顿好自己的身心，才能依从孩子的本性接纳真实的孩子。

需要改变的
不仅仅是孩子

一个朋友向我抱怨自己的儿子花钱大手大脚、不懂节制。一开始，三十、五十地要，买零食，买一些用得着或用不着的学习用品。后来，几十块钱已经不能满足他的胃口，开始一百、两百地要，消费也随之"升级"，还学会豪爽地请同学吃饭。到现在，一开口就是几百甚至上千，用来买各种名牌衣服和鞋子。

"按理说，父母赚的钱不就是给孩子花的吗？可是他也太能花了，一点都不体谅父母赚钱的辛苦，还觉得一切都理所当然。"朋友似乎很无奈，突然他的眼睛一亮，接着说，"听说有个夏令营，专门针对孩子出现的各种问题进行教育，封闭式训练结束后，孩子的变化非常大。我要不要送儿子去试试呢？"

朋友的话让我忍不住苦笑起来。事实上，我曾经也有过同样的想法。

女儿七八岁的时候，我发现她的性格变得越来越内向、胆小，整个人畏首畏尾，做事情也没有主见。这让我很苦恼。为了帮女儿改掉这个"毛病"，我不止一次鼓励她大胆地说出自己的想法，还给她报了个口才班，想要锻炼她的胆量和口才。可是，忙活了一阵子，却没有什么成效，女儿还是一天天地沉默寡言，之前的活泼和开朗完全不见了。

一次在和老公讨论这件事情时，老公突然说了一句话："有没有可能，问题并不是出在孩子身上呢？""问题不在孩子身上，那在哪儿？"说出这句话的同时，我愣了一下。是的，我想到了自己。说实话，我的性格比较强势、急躁，每次和家人在一起讨论什么事情，只要意见不合，我就会试图把自己的意愿强加给他们。当然，之前我并没有觉得不妥，反而觉得这是一种省时省力的办法。直到这时我才意识到，我的这种强势和急躁无形中影响了女儿，让她觉得自己的意见无关紧要，甚至会引来责骂，所以她开始下意识地隐藏自己的想法，到最后干脆习惯性地闭嘴，沉默是金。

于是，在鼓励和引导女儿大胆表达自己想法的同时，我也收敛了自己强势的性格，我允许家里每个人说话，也尊重每个人的意见。慢慢地，女儿开始试着说出自己的意见，再到后来，为了争取自己的权利，她甚至敢大声和我争辩了呢。

听了我的讲述，朋友若有所思地连连点头。他和妻子一直忙于经商，很少有时间陪伴孩子，为了弥补这种缺失，他们总会尽力满足孩子在物质上的需求。久而久之，孩子就养成了花钱不懂节制的习惯。朋友最后说："看来，想让孩子改变消费习惯，我和妻子也要改掉一忙起来就不顾家的毛病啊。"

孩子在成长的过程中，可能出现各种各样的问题。大部分父母却都有一种迷之自信，不管孩子出现什么问题，第一个想法就是"孩子错了，我需要改变他"。然后想尽各种办法，包括向外界求助，期待孩子能够脱胎换骨，有一个全新的改变。

但很少有人想过，孩子的问题其实和自己有着千丝万缕的联系。孩子像一面镜子，照出父母身上大大小小的问题。如果你只是按照自己的意愿去"改变"孩子，而不是尝试理解孩子，找出问题发生的根源，可想而知，孩子身上的问题根本不会得到彻底的解决。

有人说，父母花了一生的时间等待我们的感谢，我们花了一生的时间在等待父母的道歉。其实，父母与子女之间不仅需要互相理解，也需要互相谅解。在一个幸福的家庭里，绝不是父母始终指望孩子迅速改变，自己却纹丝不动，而是父母能够首先改变自己。

成绩只是一个数字，
并不能代表孩子的全部

早在一周之前，老师就在班级群里说马上要举行期中考试，希望家长配合帮孩子复习功课。这个消息一宣布，群里的家长们顿时议论开了。有的说，这是上一年级后的第一次考试，有里程碑般的意义；有的说，这次考试是老师对孩子们的摸底考查；还有的说，孩子们以后的学习习惯和积极性都会在这次考试中形成。总归一句话，这次考试意义非凡，非常重要。

家长们的讨论立刻让我紧张起来，决不能对女儿的这次考试等闲视之。于是，每天一放学，我就会拿起课本，给女儿听写生字和字母，然后再领读学过的课文。更是让女儿反复练习数学20以内的加减法，错一道我会让她再多做十道，看电视、玩游戏等娱乐活动也临时取消了。如此疯狂的强化训练让女儿很反感，她噘起小嘴表示抗议，抗议也没用，我还牺牲了和朋友们出去聚会的时间呢。家人对我的做法也很不解："一次小考试而已，如此大动干戈有意义吗？""当然有意义，这次考好对她以后的成长很有帮助的。"我反驳着，脑子里不自觉地浮现出家长会上其他家长羡慕的目光。

几天后，女儿把批改过的试卷拿回来，看着上面的好几道错题，我一下子勃然大怒。本以为她可以考满分，最多错一两道，没想到竟然错这么多！"班里有考满分的吗？"我沉着脸问。女儿小声回答："有。"一时间，我又生气又失望，同时还有莫名的委屈——这么多天的努力算是白费了。

看到我坐在沙发上生闷气，女儿怯生生地说："妈妈，你不是告诉过我，只要努力了，结果并不重要吗？其实，这几道题我都会做，只是当时老师念题太快，我又一时马虎，写错了。""那别人为什么不写错呢？"我仍然余怒未消，准备好好教育女儿一番。老公却走过来，把我拉到了卧室。

"你这段时间努力帮女儿复习是为了什么？"老公问我。我理直气壮地回答："当然是为了让她掌握所学的知识呀。"老公笑了笑，接着说："对，可是女儿已经学会了这些知识，做错题是因为粗心，为什么你还会如此生气呢？是不是你把自己的虚荣和功利加到女儿身上了呢？"

思考片刻后，我顿时愣住了！是的，我之所以生气，是因为我的功利心太强，对分数看得太重，而女儿的成绩又没有满足我潜意识里的虚荣心。其实，我也知道，这不过是一次小测试，根本没有家长们说的那么玄乎。帮女儿分析错误的原因，防止以后再出现类似的错误，然后培养女儿快乐的心态，轻装上阵，才是我最应该做的事情呀！

"我这就去帮女儿分析错题，希望通过这次考试她能有所成长。"我认真地说。老公笑着对我眨了眨眼睛，说："我看你也应该有所成长吧。"

成绩只是一个数字，它代表不了孩子的智力，更代表不了孩子的品性。父母应该放下"面子"，调整心态，帮助孩子用正确的方法学习，认真准备好每一次考试。至于考试结果，其实没那么重要。陪伴孩子一起度过的时光，也许才是最温暖、最珍贵的。

不和孩子
谈"未来"

儿子从小就听话懂事，而且思维能力特别好。每次我跟他讲道理，他总是认真地听，有时还可以顺着我的思路提出疑问来，这让我很有成就感和满足感。于是，每次遇到什么事情，我总会有意让儿子一起分析思考，把事情所有的可能和发展都和儿子讲解一遍。我觉得这样对培养他的思考能力和危机意识很有帮助。

儿子上小学时，学习成绩挺不错。二年级期末时，儿子放学回来高兴地大喊着："妈妈，这次我又考了双百。"我接过儿子的试卷，欣慰地笑了。不过片刻，我又敛了神色，严肃地对儿子说："儿子，班里是不是还有人也考了双百？你看，并不是你一个人考得好，这就说明大家的成绩都不相上下。"儿子脸上得意的笑容消失了，他认真地点了点头。"所以这没有什么值得高兴的，一定要继续努力。再说，以后的学习难度会更大，到时候你就不一定会有这么好的成绩了。所以现在一定要加倍努力。"听我说完，儿子脸上露出了忧色，我却在心底暗自得意，期待着儿子能把压力转化成动力。

刚上中学时，儿子告诉我，他报名参加了学校举办的才艺比赛，参赛项目就是自己擅长的钢琴。报过名后，儿子练琴更加上心了，不用我督促也会主动练上好几个小时。比赛结束后，儿子捧着获奖证书兴高采烈地大喊着："妈妈，我获得了一等奖呢！"我拍拍儿子的头表示认可，嘴上却又跟儿子分析道："不错，得奖说明你有实力。不过，你有没有想过？你从小就开始学钢琴，而你的同学们也许才刚开始学。所以你这个奖的含金量不是太高哦。""万一同学们以后努力练习都超过了我，我不是更没面子了吗？"儿子顺着我的话低声说。看到自己预想中的效果出现，我忍住笑趁热打铁地说："对，所以你要继续努力。"

本以为在我的不断激励和鼓动下，儿子学习的动力会更足。没想到，我竟然发现，儿子的学习热情越来越低落了，稚嫩的脸上常常露出担忧深沉的神色。那次，学校要举办作文大赛，这么一个锻炼的机会我当然不会让儿子错过。然而，任凭我再三劝说，儿子就是不肯参加。

"咱一定要参加，你忘了，上个月你的作文还在晚报上发表了呢。"我鼓励道。"别说了，妈，你可千万别和老师和同学说！"儿子急忙打断我的话。"为什么呀？这是你的荣誉呀。为什么不能说？"儿子的表现让我很意外，同时也觉得很纳闷。儿子犹豫了一会儿说："人要学会谦虚，也许别的同学也发表了，只不过人家不说。再说，如果同学们知道我发表文章了，万一以后我再也发表不出来，同学们会笑话死我的，多丢人呀！"

天呀，我不知道他小小年纪，心里竟考虑了这么多，各种可能，甚至根本都不会发生的事情，儿子竟都提前考虑到了。可是，这样的思考对儿子究竟是好还是坏呢？我只知道儿子变得越来越内向、越来越老成，几乎失去了孩子应有的活泼和童真。更让我担心的是，儿子变得越来越不自信，甚至对自我产生了怀疑，而这是我想要的结果吗？

从那以后，我开始刻意不和儿子谈"未来"。儿子取得了成绩，我就和他一起开心地分享当下的喜悦，不再像以前那样让他对未来忧心忡忡；儿子想要做某件事，我就鼓励他大胆地去做，而不是先把各种失败的可能分析给他听——失败了又怎样，不过是为成长增加了一项体验；儿子有了意外的收获，我会允许他大声地与同学们分享，即使以后不再有这种收获，这也是一种纪念呀。

慢慢地，儿子又恢复了之前的活泼和自信，压在他身上的那座叫"未来"的大山在不知不觉中消失了。

家长对子女的鼓励和支持，会让孩子在精神上得到极大的认可。即使将来他们成为最普通最平凡的一员，内心也会充满阳光，这样就够了。所以，请帮孩子滤掉头顶的阴云和灰尘，别和孩子谈"未来"。

接受孩子的普通，
接纳孩子的平凡

~~~~~~~~~~~~~~~~~~~~~~~~~~~~~~~

　　学校大门外，一群家长在等孩子放学。可能是学校临时有个小活动的原因，放学的时间整整推迟了半个小时，人们等得太无聊，就三五成群地闲聊起来。一提起各自的孩子，家长们立刻来了精神。这个说"我家女儿的舞蹈过了四级了"，那个跟着说"我儿子前段时间刚拿了个围棋比赛的冠军"，另一个自然不甘示弱，表示"老师说我家妞儿特别有绘画天赋，将来说不定能成为大画家呢"……

　　大家都说得兴高采烈，一个看起来很知性的短发女子却一直不发一言，只是微笑着听大家说话。有人好奇地问："你的孩子呢？有什么特长？""我家孩子各方面都一般，也没什么特长，他就是个普通孩子。"短发女子回答道。我听到这句话时特别意外，这一定是对孩子彻底绝望的父母才会说出这样的话吧！可是短发女子的表情却很平静，没有想象中的失落、尴尬或者悲愤，反而带着平和的笑容。

承认自己的孩子是个普通孩子，这是多么难以做到的事情呀！和大部分父母一样，女儿刚一出生，我就对她抱了很大的希望。"看咱家妞儿额头多高，肯定聪明""才七个月就会叫妈妈了，真厉害""看现在这机灵劲儿，长大学习一定好"……等女儿上了学，我理所当然地认为她各方面都该是拔尖的，是最棒的。可是，希望越大，失望就越大。女儿非但没有优异的成绩，其他各方面的能力也很泛泛。竞选班长，她没有报名参与；选小组长，她也躲着；就连在课堂上积极回答问题，都没有她的份儿。

为了帮她提高学习成绩，培养她积极主动的能力，我不仅给她报了一些培训班，每周风雨无阻地接送、陪护，每天放学回来，我还会亲自看着她写作业，及时讲解辅导。女儿虽然有时也会有抱怨，但也算乖巧懂事，每次都听话地去上培训班，作业也能很好地完成。可这也是最让我抓狂失望的原因——尽管女儿如此努力了，可学习成绩和各方面的能力依然平平。

"妈妈，对不起，让你失望了。可我就是个普通的孩子，我做不到出类拔萃。"女儿话语里深深的无奈让我很是心疼，尽管心里还是很不甘心，也只好暂且接受了这个让人沮丧的事实。

听了我的感叹，短发女子莞尔一笑，小声说："我的儿子和别的孩子不太一样，两岁多了还不会说话、不会走路，医生说他有先天性的缺陷。后来我带他去了很多医院，经过好几年的治疗和锻炼，儿子现在终于可以和别的孩子一样正常学习和生活了。自己的孩子就是一个普通孩子，有什么不好？"说完，短发女子蹲下身子、张开双臂，抱住了一个向她奔跑过来的男孩子，母子两人脸上都是温暖而满足的笑容。

有人说，人生最大的成熟是承认自己普通，其实承认孩子普通也是幸福人生的起点。说实话，大多数孩子都是普通孩子，可是，这不正是生活的常态吗？只要孩子健康、正直，做一个快乐的普通人又有什么不好呢？

别把焦躁的心情
传递给孩子

"依依，快点吃饭。""依依，走快一点呀。""快点洗漱，快点睡觉。"这些话可能是我每天对女儿说得最多的几句话。女儿五岁了，上幼儿园大班，小小的她听话、懂事，只是我一直觉得她的动作有些迟缓，总是跟不上我的节奏，很多事情女儿都要在我的再三催促下才可以完成。

早上，帮女儿准备好早餐后，我喊她起床洗漱、吃饭。女儿揉着惺忪的睡眼走进了洗漱间，过了好一会儿，还没有出来。我一边换衣服和鞋子，一边对着洗漱间喊："依依，快点呀，妈妈上班要迟到了。""哦，知道了。"女儿应声慢腾腾地走了出来。"快吃饭吧，都要凉了。"女儿在桌子旁坐定，我便把碗推到她面前。看着女儿一口一口慢悠悠地嚼着饭菜，我焦急地瞄着手表，计算着送女儿去幼儿园的时间，担心自己迟到后被扣掉的奖金。

"你这孩子吃饭怎么心不在焉的？快点吃呀。"我终于忍不住对女儿嚷嚷了起来，女儿委屈地噘了噘小嘴，快速扒了几口饭，站起身来轻声说："我们走吧。"骑着电动车把女儿送到幼儿园后，我又马不停蹄地赶往单位。

晚上下班，从幼儿园接女儿出来，女儿静静地坐在电动车后座上。突然，女儿开了口："妈妈，你看那边的荷花开得好美呀，我们一起去看看好吗？""不行，妈妈回去还要做饭、洗衣服，要做的事情太多了，哪儿还顾得上看荷花呀。"我毫不犹豫地一口回绝了，女儿也没再说话。

那天参加女儿的家长会，老师私下找我谈话："我发现依依最近有点不太正常，做什么事情总是小心翼翼，不太敢坚持自己的想法，还总是有点想讨好别人的意图。"老师的话让我大吃一惊，这说的是依依吗？依依什么时候变成老师口中说的这种样子了呢？看到我脸上的惊疑，老师又试探着说："是不是你们给了依依太大的压力，或者说总是强制性地压制她的想法和主意呢？"

回家的路上，又一次路过盛开的荷花池旁时，我对女儿说："依依，我们去看荷花好吗？""还是回家吧，妈妈不是还有很多事情要做吗？"女儿小心地回绝道，然而我却分明看到了她眼神中的渴望。"今天妈妈没事，我们一起看荷花吧。"我微笑着对女儿眨了眨眼睛。"是吗？太好了！"女儿拍着小手高兴地笑了起来。

晚上吃饭时，我忍着性子没再催促女儿，吃完饭后，我看了下手表，仅仅比平时慢了两分钟。我的心不由得一惊：仅仅在这短短的两分钟，我给女儿带来了多大的压力！是的，我们确实处在快节奏的生活中，但这两分钟的时间我们还是有的。孩子还小，她有自己的生活习性和规律，我们不应该把自己焦躁的心情强加给孩子。我们要让孩子在相对自由、宽松的环境中，慢慢地长大。

古印第安人有一句谚语：别走太快，等一等灵魂。作为父母，我们也应该慢下来，等一等我们的孩子，也等一等我们自己的灵魂。

别让你的关心
太"功利"

在对子女的家庭教育中，爸爸们的角色一直遭到诟病和质疑，尤其在当代，在很多家庭中，"爸爸"的角色甚至是缺失的。在我家，老公也是众多被"讨伐"目标的一员。

也许是因为从小形成的观念，老公一直觉得，父亲主要的任务是赚钱养家，至于做家务、教育子女等"对内"的事物交给妻子就行了。说实话，老公的工作压力确实有点大，有时候忙起来，早上天不亮就出门，大半夜才回家，别说教育孩子了，连孩子的面都见不上——他走时儿子还没醒，等他回来儿子就又睡了。时间长了，儿子对老公的感情有些淡漠，而老公也觉得有些亏欠儿子。

那天，老公在家休息，儿子拿着试卷回来了。老公觉得平时没有时间过问儿子的学习，这次正好关心一下他。他把儿子叫到身边问："考得怎么样？来，让爸爸看看。"可是当他把儿子的试卷拿到手，看了一会儿之后，火气却不由得蹿了上来，不仅考试分数不理想，还犯了很多简单的错误。怎么能这么马虎呢？这平时学习得也太不扎实了吧？

"怎么搞得？考这么一点分数，你来看看，这道题应该错吗？还有这道，只是简单地按照公式计算就可以了……"对着试卷，老公吧啦吧啦说了半天，但还是觉得不够"尽兴"，接着又语重心长地对儿子讲了一些道理，对他讲父母工作的不易，讲父母对他的付出，希望他能够好好学习，用好成绩来回报父母等。

儿子站在一旁，噘着嘴，不发一言，最后突然委屈地大叫起来："你说够了没有？"儿子的反应不仅让老公很吃惊，连我也吓了一跳。老公说："我明明是在关心你，是为你好啊！"儿子反问道："你平时问过我的学习情况吗？你知道我的问题出在哪儿吗？你知道我这次是进步了还是退步了吗？你说这是关心我，我看你只是关心我的成绩，我的成绩好了能让你觉得有面子吧？"

看老公不说话，我把老公拉到一旁说："我知道你觉得委屈，但你不妨站在儿子的角度想想看。一个平时很少关心他的爸爸，突然来关心他，却恰恰是因为他的考试成绩。这未免显得有些功利，至少没有那么纯粹。也难怪儿子会不理解，甚至产生抵触情绪。"听了我的分析，老公陷入了沉默。后来，老公真诚地向儿子道了歉，向他解释了事情的前因后果。

为人父母者，要多花点时间陪陪孩子，把自己对孩子的关心变成实实在在的行动，而不是在看到某种结果时的"质问"。因为不管你的初衷如何，在孩子看来，这种"结果式"关心都太过功利。

莫让伤害
传递伤害

从事幼师职业十余年，整日面对天真烂漫的孩子，心理年龄仿佛永远都停留在最纯真的阶段。都说"人之初，性本善"，是呀，可爱的孩子们永远都是那么温和、善良，一颦一笑间都充盈着满满的天真和纯朴。就连他们生气的样子都那么可爱，仿佛一阵风拂过耳际，只留下痒痒的感觉。

吴昊是从别处转学过来的，初来时，我按照惯例请他给小朋友们做一个自我介绍。大概是不好意思吧，吴昊有些扭捏和害羞，在小朋友们期待的目光下，我便开始试着引导他。可是没等我说两句，吴昊竟突然变了脸色，他不耐烦地嚷道："我不想说！"说实话，吴昊瞪圆的双眼和紧握的拳头吓了我一跳。我不明白只有五岁的他身上为何会隐藏着如此深的戾气，本属于他的天真和善良又去哪里了呢？

而接下来发生的一件事更是让我深感意外。那天中午吃饭，我帮小朋友们把盛好的米饭端上了桌，然后开始发勺子。好动的敏敏伸手去接勺子，不小心碰到了吴昊面前的碗，一碗米饭就这样倒扣在了地上。我连忙说："没事没事，老师再帮你盛一碗。"吴昊却猛地站起来，用手狠狠地一拍桌子说："谁让你那么不小心！你不知道应该慢一点吗？"敏敏委屈地反驳："我又不是故意的。"我赶快上前去劝说，吴昊却伸出了拳头，正欲往敏敏的头上挥去。幸好我快走一步，上前拦住了他。

我让同事带孩子们去午睡，把吴昊留了下来。我耐心地跟他讲道理，吴昊倒也讲理，承认是自己做错了。然而他接着便说："老师你打我吧。""我为什么要打你？"我吃惊地反问。"因为我做错事了呀。"吴昊一副顺理成章的样子。吴昊的逻辑让我在震惊的同时也对他的成长环境产生了深深的好奇，究竟是怎样的家庭教育环境，让吴昊脾气暴躁，出现严重的暴力倾向？

周日，我决定到吴昊的家里去看一看。按照通讯录上的地址，我找到了吴昊的家。刚到家门口，便听到了一声声充满怒气和怨气的呵斥声以及孩子大声的啼哭声。敲开家门，一位年轻的男子站在我眼前，刚才的呵斥声大概就是出自他口，因为他的脸还因愤怒而扭曲着。我自报了家门后，年轻男子客气地把我让进了屋。

果然，他正是吴昊的父亲。我把在墙角抽泣的吴昊拉到身边，轻声安抚着他。"孩子做错什么事了？"我问吴昊的父亲。"这小子不听话，又把花瓶打碎了。"吴昊的父亲狠狠地说。我反问："可是你打了孩子，就能保证孩子以后不再把花瓶打碎？""这……"吴昊的父亲叹了口气，"本来我就够烦心了，他还来给我添乱。"

跟吴昊的父亲交谈后，我得知，吴昊的母亲是个"女强人"，整日忙于工作，照顾他的任务就落在了父亲身上。也许是父亲对现处的境况很不满意，于是便产生了很多负面情绪。当孩子开始淘气不听话之时，这些负面情绪便会趁此被发泄出来。而长期在这种暴力教育的熏陶下，吴昊也变得暴躁起来。

"其实，有时想想孩子挺可怜的，而且我也知道，打孩子其实并不能很好地帮助孩子改掉错误，更重要的还是要让孩子认识到自身的错误，有意识地改正。但是当脾气上来时，我却控制不住自己了。"对于自己的行为，吴昊的父亲也很后悔。

面对孩子的错误，家长首先需要做的也许不是去让孩子改正错误，而是先改正自己的错误。家长需要控制自己的脾气，把自己的负面情绪合理地转化。否则，孩子经受了暴力，便会反过来施加暴力，让伤害传递伤害，这是最可怕的事情。

给孩子
阳光般的爱

经过一段时间的适应，新入园的孩子们都习惯了幼儿园的生活。孩子们在一起玩玩具、做游戏、吃饭、睡觉，特别开心，还有一些孩子都有了自己的好朋友呢！可是我留意到，子鸣似乎一直融入不到集体生活中来，总是喜欢独来独往。大家都三三两两地结伴玩耍时，子鸣却一个人躲在角落玩。甚至在我提出要求，要小朋友们合作完成一个手工时，子鸣还是坚持自己一个人做。

可是据我所知，子鸣并不是性格孤僻的孩子呀！他也时常笑着跟我炫耀他拼起来的积木，和我讲他觉得高兴和快乐的事情。

于是，有很多次，我都试着引导他和小朋友们一起玩，让他体会到集体合作的快乐，但并没有什么效果。

有一次，班里的雯雯过生日，带来了很多棒棒糖，要分给小朋友们吃。小朋友们接过棒棒糖，都开心地说了谢谢，并祝福雯雯生日快乐。然而，子鸣却只是在我的要求下极不情愿地表达了感谢。下课后，我问子鸣："雯雯把自己的棒棒糖分给你吃，你为什么不愿说一声谢谢呢？"子鸣沉默了半天，才撇撇嘴说："她又不是真的对我好，说不定她想吃我带来的巧克力呢！"

子鸣的话让我大吃一惊，我不知道小小年纪的他为什么会有这种自私而功利的想法。在我的再三询问和引导下，子鸣又说："我妈妈说过，除了爸爸妈妈，没有人会真的对我好。"听到子鸣的这句话，我在吃惊的同时也找到了他喜欢独来独往的原因。因为"没有人会真的对我好"，所以别人和我玩说不定都是有目的的，还不如我自己玩！

这是多么可怕的一句话呀！仔细想想，有很多父母都对孩子说过这样的话，当然他们的目的只是为了告诉孩子，父母是最爱你的人，是你最亲近的人，不要轻易相信别人，免得受到欺骗。可是，父母们有没有想过，这句话在无形中毁灭了孩子心中多少美好的想象和可能呀！即使孩子们因此而避免了被人欺骗，这也同时意味着孩子必须活得小心谨慎，会觉得生活里危机四伏、处处险恶。这对孩子来说，是多么可悲呀！

我想，我该跟子鸣的父母好好谈谈，也要告诉更多的父母，不要再跟孩子说"除了父母，没人真的对你好"，不要给我们的孩子如此狭隘的、有防备的爱，要让我们的孩子心胸开阔地、阳光地去接纳一切。

每个孩子内心都有一个储爱的箱子，当箱子装满的时候，他们才会有足够的爱给予别人。父母要把爱储藏在孩子的箱子里，给足他们安全感和信任。如此，孩子才能学会博爱，继而拥有更健康的、快乐的人生。

不要过于挑剔
孩子的选择

◇◇◇◇◇◇◇◇◇◇◇◇◇◇◇◇◇◇◇◇◇◇◇◇

女儿的性格有点内向，不太爱说话，这其实也不算什么。可最近发现的一个问题让我感到很忧虑，女儿似乎变得越来越没有主见，我们说什么，她听什么。即使主动征求她的意见，她也总是犹豫不定，不敢做出选择，实在被问急了，就小声说一句"我听你们的"。

有一次，女儿放学回来说老师让他们报课外活动小组，有画画、书法、唱歌、跳绳等很多项目。女儿问我报什么项目好，当时我没有太在意，就随口说了句："你喜欢什么就报什么，只要能坚持下去就行。"没想到今天接到班主任打来的电话，说全班的学生都报过了，只有女儿还没报，老师亲自问她，她说要回家让妈妈拿主意。

我简直有点哭笑不得，整整一周时间了，女儿竟然还没有做出选择！"依依，你怎么回事？选个自己喜欢的活动小组有那么难吗？"我有点生气地对女儿说。女儿低垂着头，一言不发，我只好耐着性子继续说："这些活动你不是都很喜欢吗？随便选一项就行了呀！"见我急了，女儿怯怯地说："选画画吧，我怕你会唠叨我的水粉弄脏衣服；选唱歌吧，我担心学不好让你失望；选跳绳吧，我又觉得你可能会说没什么用……所以，我不知道我到底该选什么，让你来帮我选，你就不会说我了。"

女儿的话顿时让我愣住了，我没想到女儿害怕选择的原因竟然源于我的苛责。我突然想起自己一直以来对女儿做出的选择的种种挑剔和责备。带她去肯德基，女儿点了香辣鸡腿堡，我告诉她辣的容易上火；去游乐场游玩，女儿选了最喜欢的"激流勇进"，我又嫌水弄湿了衣服；就连带她买一些学习用具，我也会以教育的名义，指出她选择的有哪些缺点……

其实每次都是我给她的"自主权"，我告诉她喜欢什么就选择什么，可她选完后，我又觉得不太满意。我总是急于告诉她更多的东西，想让她以后做得更好一点，可是，我忘了，她还只是个孩子，她需要在漫长的成长过程中逐步了解更多的东西，做得更加完美，而这个过程是长期的、缓慢的，来不得半点急躁，操之过急只会适得其反。

"孩子，以前是妈妈错了，妈妈不该对你的选择做过多的挑剔。其实，很多选择本身都有利有弊，你大胆选择自己喜欢的吧，妈妈支持你！"我蹲下身子，拉着女儿的小手认真地说。

听了我的话，女儿露出开心的笑容，一改往日的犹豫和徘徊的神情，坚定地说："那我就选画画了，我最喜欢画画。"我对女儿竖起了大拇指，也开心地笑了起来。

教育家爱尔维修有句话说："即使是普通的孩子，只要教育得法，也会成为不平凡的人。"低层次的父母喜欢挑剔孩子，否定孩子的选择；而高层次的父母会给予孩子理解、欣赏和鼓励。放下对完美的执念，给孩子最大的宽容。记住一句话，父母对孩子最大的托举是深深地理解和接受。

维护孩子的
边界感

两个姐姐带着孩子来我这里过周末，几个年纪差不多大的小家伙刚一见面，高兴地又是搂又是抱，女儿依依忙拖出自己放玩具的大箱子，慷慨地对小哥哥小姐姐说："大家都来玩我的玩具吧。"看着小家伙们其乐融融的样子，我和姐姐们都笑了。

"你干吗抢我的玩具呀？妈妈，快来！"听到孩子的喊叫，我和姐姐忙走了过去。只见依依和小雨哥哥两人正拉扯着一只毛绒小狗，谁也不肯让谁。看到我们来，依依噘起小嘴说："妈妈，我先开始玩小狗的，小雨哥哥本来在玩水枪，现在非要和我抢。""小雨，不要跟妹妹抢，等妹妹不玩了你再玩好不好？"二姐蹲下身子对小雨说。小雨瞪着眼睛不说话，手上的劲儿却一点都没松。

见此，我忙对依依说："依依乖，把小狗让给哥哥，哥哥是客人，你要懂事知道吗？"听了我的话，女儿脸上闪过了一丝犹豫，小雨得意地笑着，猛地一用力，抢过小狗玩去了。

以为孩子们可以相安无事，我和姐姐便到厨房准备午饭。不大一会儿，又听到了孩子们的哭闹。"妈妈，欣欣姐姐又和我抢玩具。"依依抽泣着向我跑来，怀里紧紧抱着一个布娃娃，欣欣紧追其后，理直气壮地伸出双手向女儿讨要布娃娃。"依依，欣欣姐姐是客人，你要让着她。你忘了你是最懂事的孩子了吗？"我随口劝道。欣欣像得了令似的，一把抢过女儿手里的布娃娃，也跑开了。

"还是依依最懂事。"我欣慰地对女儿伸出了大拇指，转身准备走开。女儿却大声地哭了起来："我不要懂事，我就要喜欢的玩具，本来是我在玩，他们为什么要和我抢，他们为什么不要懂事？"听着女儿的哭诉，看着女儿委屈的样子，我愣住了。

是呀，本来不对的应该是小雨和欣欣，为什么最后要让依依做出让步呢？而且依依的让步并没有换来孩子们的理解，反而更助长了他们蛮横的行为。其实，这种结果对孩子双方来说都没有好处。作为大人，我们应该做的是引导孩子们做出正确的行为，而不是一味地要求一方妥协让步。

想到此，我拉起依依的小手，微笑着说："走，妈妈带你去把玩具要回来。我们来做一回'不懂事'的孩子。"

孩子有没有边界感，有没有规则的意识，最应该负责任的人是父母。父母在教孩子遵守规则之前，要先教会孩子维护自己的边界和规则。先感受到尊重，孩子才能更好地尊重别人，这是极其重要的一课。

答应孩子的事情
一定要做到

早在一周之前，女儿就对我说："妈妈，我要毕业了，周一下午三点，我们要举办毕业典礼，你一定要来参加哦。"当时，我蹲在她面前，她勾着我的脖子，眼睛里闪着兴奋的光芒。

"哦……是吗？亲爱的，祝贺你。"我笑着回应她，却本能地躲开她的眼神说，"可能吧……我是说，我需要向领导请假。你知道的，我有很多事情要做……但我会尽量赶去参加的。"

女儿可能听不出我话里的勉强。她不知道，在成人的世界里，这样的回应其实是一种礼貌的拒绝。女儿咯咯地笑起来，转过身一蹦一跳地跑回了房间，像一只快乐的兔子。

周一下午，我按照工作计划去出差了。不过，我并没有把女儿的事情抛在脑后，事实上，中午休息时，我想起了这件事，想到了女儿充满期待的眼神。但当时在我的眼里，出差可比出席一个小孩的毕业典礼重要多了！这次出差可能会影响领导对我的看法，决定我的事业发展。

结果自然可想而知，我假装忘记了女儿的邀请，心安理得地去出差了。我以为女儿会大哭大闹，但是没有，她甚至没有说一句指责我的话，只是在我回家后，默默地看了我一眼。但那种眼神却让我记忆深刻——灰暗而无光，让我无法再像以前那样，通过她的眼睛看到她的内心。

如果不是搬家时翻出这个日记本，看到上面的文字，我可能不会记起这件事。整理好女儿的东西递给她时，我装作不经意地问："这是什么时候的日记本？""大概是小学毕业的时候吧。"已经读初中的女儿淡淡地说，"就是那一年，你没有参加我的毕业典礼。"

听到这句话，我不由得浑身一颤！我早已不记得那时是在跟谁开会、在谈什么，但我女儿却永远记得我没有出现。

"曾子杀猪"的典故大家都耳熟能详，但在实际生活中，很多人却抛诸脑后。如曾子说的那样，在小孩面前不能撒谎，他们年幼无知，经常从父母那里学习知识，听取教诲。父母撒谎，就等于教孩子欺骗别人，也会失去孩子的信任。答应孩子的事情一定要做到，因为他们的世界里没有欺骗。

Part 3

理解和爱，为孩子
提供满满的情绪价值

父母的理解和爱，是孩子成长的"加油站"。家长越是能够给孩子带来稳定、舒服和愉悦的情绪，即给孩子的情绪价值越高，就越有利于孩子健康成长。

不要情绪化，
拆除"炸弹妈妈"

生了儿子后，婆婆便搬过来帮我们照顾儿子，儿子终于上了幼儿园，在我和老公的劝说下，婆婆放心地回去了。婆婆走后，原以为可以过上轻松自在的生活，没想到，这却是烦恼的开始。老公平日工作忙，接送儿子上幼儿园的任务就交到了我手上。从此，我兵荒马乱的生活便开始了。

早上早早起床做好早餐，忙着叫醒贪睡的儿子，照顾儿子洗漱、吃完早餐，也快到上班的时间了。催促磨磨蹭蹭的儿子背书包出了门，再骑着电瓶车，急急忙忙地送儿子去幼儿园。

送完儿子，又马不停蹄地朝单位赶去，每次几乎都踩着点到达单位，连松口气的时间都没有。忙完一天的工作，下班还得赶紧去接儿子。

回到家里，各种琐碎杂乱的事情更多，做晚饭、洗衣服，应付儿子没完没了的提问，心情别提多烦闷了。有时在单位遇上不顺心的事情，再加上儿子不懂事地闹腾，我心里的火气一下子就会蹿上来，火山爆发似地冲儿子大吼一通。有时发泄完，看到儿子可怜的小眼神，也会有一丝后悔，但每次火气一上来，便忘了所有的一切，什么耐心和温柔，全都抛到脑后了。

有天临下班时，主任把我叫到办公室，语重心长地说："有人反映，你这段时间表现不是太好，一定要注意呀。"听了主任的话，我心里很难受，不过一时也解释不清楚，只好憋在心里，等着用业务证明一切。去幼儿园接儿子时，老师把我拉到一旁说："孩子最近表现不太好，总是打别的小朋友，今天又把一位小朋友打哭了，你回去跟他好好说说。""哦，知道了，不好意思，给你添麻烦了。"我一边跟老师赔笑脸，一边狠狠地瞪了一眼儿子。

一路上，我越想越觉得烦，工作的压力，儿子的不听话，以及各种不顺心的小事情一股脑儿都冒了出来，我感觉自己都快要崩溃了。回到家后，我冷着脸对儿子说："老老实实坐着看电视，我去给你们做饭。"我刚进厨房一会儿，便听到客厅里"哗啦"一声巨响。跑到客厅一看，调皮的儿子竟然把桌子上的鱼缸给打碎了，鱼缸里的水淌了一地，都流到了沙发下面，几条金鱼还在地板上拼命挣扎着。我再也按捺不住心里的火气，一把抓过儿子的衣领嚷嚷了起来："小祖宗，你能不能让我省点心呀，我每天累死累活的……"面对我滔滔不绝的咆哮，儿子只是瞪着眼睛望着我，虽然不发一言，我却从他的眼神里看到了漠然和无所谓！

我无助地坐在沙发上，心里是满满的委屈和挫败感，我想不明白，自己每天忙得像个陀螺，苦心照顾儿子，儿子为什么一点都不领情。正在叹气的时候，老公回来了。听了我的"控诉"，老公把我揽到怀里，轻声说："对不起老婆，你辛苦了。"老公的体贴让我的火气消了一大半，其实我们还不都是为了这个家，为了儿子嘛！"可是老婆，你有没有想过，你的发火并没有起到教育儿子的作用呀，只会换来他的沉默应对以及对别人的暴力。"老公接着说，"'炸弹'妈妈教育出来的只会是'炸弹'孩子呀！"

"炸弹"妈妈？这个比喻实在太形象了，联想自己最近的行为，可不就像个随时可以引爆的炸弹嘛，可惜炸弹引爆后，不仅教育不了孩子，还在潜移默化中让孩子养成暴力倾向和冷漠的性情，更对自己烦躁的心情没有任何帮助。原来，孩子的一切问题其实都出在我自己身上！

"儿子，过来。"我朝看电视的儿子招了招手，第一次心平气和地给孩子讲了道理，在我耐心的开导下，儿子低下头，承认了自己的错误。"妈妈，我知道你很辛苦，以后我一定听你的话，努力做个好孩子。"儿子的话让我情不自禁地笑出了声。

父母是孩子的影子，而孩子是父母的一面镜子。我知道，这只是第一步，妈妈的"炸弹"拆除后，一定也会换来一个不一样的好孩子。

别把爱当条件，
孩子更听话

陪着女儿一起看一个亲子类的娱乐节目。节目中，父母和孩子互相帮助、默契配合，母子之间流露出的浓浓深情让我们感动不已。看到这里，女儿扬起小脸，眨巴着小眼睛撒娇似地问我："妈妈，你爱我吗？"

"我当然……"就在几乎要脱口而出"当然爱你"之时，我突然想到女儿的作业还没写。于是，我话锋一转，接着说："如果你能按时完成作业，妈妈就爱你。"听完我的话，女儿乖乖地起身写作业去了。我炫耀地冲老公一笑，对自己的教子方法暗自得意，却丝毫没有注意到女儿瞬间黯淡的眼神和脸上失望的表情。

有一次，我带着女儿逛街。可能是因为走的路太长了，女儿喊着脚疼，想让我背着她走。看着女儿可怜的样子，我只好抱着她继续逛街。走到一家玩具店门口时，女儿突然指着一个毛绒玩具喊道："妈妈，那个熊猫好可爱呀，你不是答应要给我买的吗？"确实，自从在电视上看过熊猫之后，女儿就一直嚷嚷着想要一个熊猫玩具，我答应她如果遇到一定给她买。但这时，我却没有爽快地答应，我笑着说："如果你能下来自己走路，不要让妈妈抱你，我就给你买。"女儿低着头，考虑了片刻，点了点头。可是我却发现，抱着心仪已久的玩具熊猫时，女儿并没有想象中的那么高兴。

还有一次，女儿想让我带她去看海。本来我就打算暑假带着全家一起去游玩，可既然女儿提出来了，我便顺口又提出了一个条件："好呀，不过这次考试你得考班里前十名。"虽然女儿答应了，但我却听出了女儿话语里的不情愿。有时女儿跟我要零花钱，我便会让她做一点诸如扔垃圾、擦桌子等家务，作为条件来交换。总之，只要女儿提出什么要求，我总会顺势提出相应的条件来跟她交换，而且还为这种教育方式而沾沾自喜，颇为得意。

直到有一天，我蓦然惊觉，女儿做事的积极性越来越低了。

无论做什么事情都不主动，甚至连做作业、洗澡这类应该自觉完成的事情也要我再三催促，甚至等着我拿条件来跟她交换。这时，我才认识到自己一贯的做法带来了多么大的负面影响。都说力的作用是相互的，自己对女儿有条件的爱，让女儿也开始跟自己谈起了条件。而长此以往，女儿缺失的将不再是做事的积极主动性，而是责任和担当呀！

后来，我开始有意识地去改变，不管做什么事情，都尽量不跟女儿"交换条件"。慢慢地，女儿也逐渐明白，哪些事情应该做，哪些事情不该做，而且主动分出了轻重缓急，再也不用我催促了。

父母对孩子的爱原本都是无私的，有多少爱便会有多少殷切的希望。但爱和希望本就是两码事，为人父母者一定不要将两者混淆，更不能以此作为跟孩子交换爱的条件。别给孩子有条件的爱，让孩子在轻松的氛围中自在地长大。

"爱"是一个动词

女儿刚上幼儿园的时候，学会了"爱"这个新词语，回到家里，便活学活用。帮女儿端了杯牛奶，女儿满脸堆笑地看着我说："妈妈，我爱你。"老公下班回家给女儿带了好吃的零食，女儿也会认真地说："我爱你，爸爸。"还别说，小丫头这一句句"我爱你"，让我和老公感觉很是欣慰，觉得女儿长大了，懂得感恩了。

由于天气炎热，这天下班回到家后，我感觉头晕恶心，浑身无力。老公带着女儿回来时，我正有气无力地躺在沙发上休息。看到我躺在沙发上，老公忙关切地问："怎么了？身体不舒服吗？""没事，"我懒洋洋地回答，"可能是中暑了，休息一会儿就好了。"女儿见状，跑到我身边，轻轻地抱了我一下，奶声奶气地说："妈妈，我爱你。"当时我感动得眼泪都快下来了，我想，如果我没病，一定会高兴地跳起来，抱着女儿转上几圈。

"依依，过来。"老公在厨房里招呼女儿，"来给妈妈端杯水。"女儿正坐在电视机前，聚精会神地看着动画片。老公以为女儿没听到，便提高声量喊了一声。女儿撇了撇小嘴，嘟囔着说："你自己端嘛，人家正看电视呢。"老公无奈，便亲自把水给我端了过来。过了一会儿，我突然很想吃冰镇西瓜，随手拍了拍身边的女儿说："乖，去冰箱里给妈妈拿点西瓜吃。""你怎么不自己去呀。"女儿眼睛盯着电视闷声说。我吃惊地瞪大了眼睛："妈妈生病了，你帮妈妈拿点西瓜不可以吗？"女儿却像没听到我的话一样，一动不动。

看着女儿专注看电视的样子，我的内心却很难平静。如果说之前我还为女儿口口声声的"爱"所感动，现在我却产生了深深的担忧。女儿大概还不懂得，"爱"并不仅仅是口头说说就可以的，它更需要用行动来表示。可是很显然，女儿却把"爱"当成了一个名词，认为只要轻轻地从嘴里说出来便可以代表一切。

等女儿看完动画片，我轻轻地拉着她说："你知道爱是什么意思吗？"女儿不解地摇了摇头。"爱是一个动词，它需要用行动来表示，并不是说说就可以的。"我耐心地跟女儿讲，"你不是说你爱妈妈吗？可是只有用行动表达出来的爱才算爱呀。"女儿恍然大悟地点了点头，转身飞快地跑开。

不一会儿，女儿小心翼翼地端着冰西瓜走了过来，她拿起一块递给我，同时看着我说："妈妈，我爱你。"接过西瓜的那一刻，我释然地笑了。我知道，聪颖的女儿一定会懂得爱的含义。

爱是什么？什么才叫爱？这是一个深刻的问题。对于孩子来说，爱是天性，是依赖，是亲昵。作为父母，我们要让孩子懂得爱需要用付出和行动来表达和体现。这才是爱的意义。

每天给孩子
至少十分钟的快乐

晚上接了女儿回到家，刚进家门，小丫头就把我按到了沙发上。"妈妈，我们来做一个游戏好不好？"女儿拉起我的手兴奋地说。我迅速起身，不容置疑地回答："不行，妈妈还有一大堆事情要做呢！"确实，除了要为他们准备晚饭，我还要洗衣服、收拾屋子，这段时间工作紧张，家里已经乱得不成样子了。

"就玩一个游戏，妈妈。"女儿固执地要求着。我微微皱起了眉头说："可是，你的作业还没有写呀！""做完游戏我马上就写，好吗？"女儿马上爽快地保证。看着女儿略带央求的眼神以及一脸期待的表情，我下意识地点了点头。女儿竟然高兴地跳了起来，然后拉着我的手重新在沙发上坐了下来。

女儿举起手臂，每只手各伸出一个指头，调皮地笑着对我说："妈妈，照着我的动作一起做。"虽然不知道女儿到底要干什么，但我还是重复了女儿的动作。女儿满意地点点头，两只手一边靠拢，嘴里一边念念有词："两个小小人，他们很孤单，天好冷，他们抱在了一起。"说完，女儿把左右手的两根手指头勾到了一起。

然后，女儿的左右手又各自伸出两根手指头，一边重复刚才的动作一边念念有词："两只小兔子，它们很孤单，天好冷，它们抱在了一起。"看着女儿开心地蹦跳，我虽然有点无奈，但也还是跟着笑了起来——孩子的快乐来得就是这么容易。

看到我听话地配合，女儿的劲头更大了。她接着又伸出三根手指、四根手指，接着是整个手掌，动作都是相同的动作，只是嘴里的词有些不同。女儿很认真地做着，同时不停地纠正我的动作，直到我做得和她一样规范为止。在做的过程中，我不知不觉地由之前的极不情愿慢慢地变得主动起来，因为这么一个小小的游戏让我感受到了女儿的天真和快乐，我的精神也不由自主地放松下来，真正沉浸到这种简单的快乐中。

"依依很孤单，天好冷，依依要和妈妈抱在一起。"女儿伸出双臂，脸上的笑容似一朵盛开的向日葵。我情不自禁地伸开双臂，和女儿紧紧地抱在了一起。"妈妈，在你的怀抱里，我感觉很幸福很快乐。"女儿喃喃地说。"妈妈也是，抱着依依，妈妈也感觉很幸福很快乐。"我轻轻地回应着，眼角竟莫名地湿润起来。

"好了，妈妈快去忙吧，我也要去写作业了。"女儿脸上依旧挂着甜蜜的笑，"明天我要告诉同学们这个游戏结果，不知道他们的妈妈有没有陪他们玩这个游戏。"女儿满足的微笑让我顿时有些羞愧：孩子想要的并不多，只是想让妈妈陪他们玩一会儿，只是想待在妈妈的怀里撒一会儿娇。这本是一件很简单的事情，也许只需要十分钟。但很多时候，我们却以各种理由拒绝了孩子，从而失去了这十分钟和孩子互动的温情，失去了得到简单的幸福和快乐的机会。

如果可以，请每天给孩子十分钟。到那时，你会突然发现，这短短的十分钟不仅什么都没有耽误，反而会让我们收获更多简单的幸福和快乐！

你的微笑就是
孩子世界里最美的颜色

有段时间，儿子的老师给我打电话，说儿子情绪非常低落，总是一副闷闷不乐的样子。课堂上不再积极主动，下课也不怎么和小伙伴们玩，只是一个人默默地坐在位置上。连一向的好胃口也受到了影响，对原本最爱吃的鸡腿似乎也不感兴趣了。

老师的话让我紧张起来，难道儿子生病了？这段时间我的工作很忙，确实没有太关注儿子。可是，带儿子去医院检查之后，医生告诉我，孩子的身体一切正常。"有时间的话，多了解了解孩子的心理。"医生建议道。孩子这么小，心理会有什么问题？！我表面上点点头，却并没有把医生的话放在心里。

回去的路上，我带孩子去吃汉堡。这小子，平时最喜欢吃汉堡，不过由于担心他的健康，我平时控制了他吃的次数。没想到，果然像老师说的那样，儿子并没有像以往那样大快朵颐，只是恹恹地吃了几口。我一下急了起来，问儿子："你到底是怎么回事啊？"我在单位还有一大堆事儿，特意请了假出来，却什么事儿都没办好，所以我的语气不免有些重。

听到我的话，儿子张开的嘴巴突然停下了，他看着我，眼神怯怯的。好半天，他小声说："妈妈，你生气了吗？""没有啊，妈妈没有生气。"我不明所以地回答，不知道儿子为什么会这样问。儿子继续说："那你的脸色怎么那么难看？你可不可以不要总是拉着脸，我很害怕……"

我的脸色很难看吗？我对着店里的镜子照了一下，镜子里的我表情严肃、眼神阴郁，仿佛写满了不开心和不耐烦。整天面对这样一张脸，别说孩子害怕了，就是大人恐怕心情也会受到影响。

意识到这一点后，我开始刻意地留意自己的表情，尽管工作压力依然很大，但回到家的时候，我会努力让自己表现得开心、愉快。惊喜的是，儿子的状况也随之发生了很大的改变，他的笑声多了起来，也恢复了之前活泼的样子。老师打来电话说，他又变成了班上的"积极分子"。

是的，身为大人，你的生活里有太多需要兼顾的东西，有时候你可能会感到疲累、焦虑、烦躁不安。但是，在面对孩子的时候，请你记得把这些负面的情绪藏起来，然后把微笑和阳光挂在脸上。

孩子的世界很小，小得几乎只能容纳下你，而你的脸色，就是孩子整个世界的颜色。所以，对孩子笑一笑吧，不要让他们的世界变得灰暗、无光。

营造家庭中的松弛感

　　某个周末，难得遇上一个好天气，我和老公都碰巧休息。吃过早饭后，孩子们坐在书桌前写作业，我在厨房收拾碗筷。老公突然兴致勃勃地说："今天中午我来当大厨吧？"老公最近迷上了做菜，特别有那种初学者的狂热，一有机会就忍不住跃跃欲试。我当然举双手支持，既能一饱口福，还乐得清闲，何乐而不为呢？

　　买来菜后，老公开始得意地讲解自己的做法："这个宫保鸡丁，我打算先把鸡肉过油炸一下……""不行，这样做鸡肉会变得又硬又柴，口感不好。"我打断老公的话说。老公顿了一下，接着说："孩子们不爱吃蒜，鱼香肉丝就不放蒜了吧？""胡闹！少了蒜，哪来的鱼香味儿？"我一脸鄙夷地说。总之，在我看来，老公的做法漏洞百出，都需要我的点拨和指挥。

"算了，你来吧！"听了我的一通指挥之后，老公面露愠色，悻悻地解下围裙，坐在书桌前去给孩子辅导作业了。

下午，孩子们完成作业后，女儿开始动手布置自己的房间，在网上买来的贴纸和装饰品早就到货了，今天才腾出时间来。"这只鹿不能贴在床头，好吓人；那丛花贴在台灯旁也不合适……"我站在房间门口，对着女儿指手画脚。一开始，女儿还欣然接受，到后来，她嘟起嘴巴，一脸不高兴地提出抗议："妈，你能不能别指挥了？我想按照自己的想法布置。"

女儿忙着布置房间，儿子则在阳台上忙着打理花草。他打算给爆盆的花草分盆。看着他用肉乎乎的小手笨拙地移植，我忍不住喊："小心点，别把根弄断了。""这株兰花移植在这个淡蓝色的花盆里好一点，那株蟹爪兰倒是适合种在这个小圆盆里……"我站在一旁，给儿子当"军师"。没想到，他却似乎不领情，虽然没有说什么，但还是执意按照自己的想法去做。

晚上吃饭时，大家没有说话，好像都很不开心，完全没有早上欢声笑语的样子。吃完饭后，女儿犹豫了半天，抬起头对我说："妈，以后你能不能不要总指挥我们？每天让我们紧张兮兮的，一点放松的感觉都没有。"

其实，在女儿没有说出这句话之前，我就已经意识到自己的问题了，而这正是破坏家庭氛围的罪魁祸首呀！女儿说得对，家庭又不是战场，家人也不是我手下的兵，我干吗非要自以为是地让他们听我的安排呢？家就是让人放松、快乐的地方，就算他们做得不理想、不完美，又能怎样？只要一家人开心快乐就行了。

"好的，妈妈保证，以后不再当总指挥了！"我抬起右手，做出一个敬礼的动作。老公和孩子都笑了起来，欢快的家庭氛围终于又回来了。

家是一个人的港湾，是让人放松的地方，因此营造家庭松弛感尤为重要。家庭关系中的松弛感，本质上是一种在遇到事情时展现的积极思维方式、情绪管理能力和平和的沟通方式。这种松弛感会极大提升家庭幸福指数，减少因家庭压力导致的孩子心理问题。

允许孩子半途而废，
及时止损比坚持更有意义

学了四年舞蹈的女儿突然对我们宣布："我不想再学跳舞了。"闻听此言，全家人都向女儿投去了惊疑的目光。"嗯，是的。"女儿一脸认真地说，"我已经决定了，我想学习画画。"奶奶早已变了脸色，着急地嚷嚷："依依，你可不能这么任性呀，都学四年了哪能说放弃就放弃？""是呀，都坚持几年了，放弃了多可惜。"爷爷跟着劝道。老公自然也不肯让女儿半途而废，心平气和地跟女儿讲着道理。

可无论他们怎么劝说，女儿就是不为所动，气氛顿时僵住了。自然而然地，他们都把目光聚集到了一直未发一言的我身上。我笑了笑，淡淡地说："行呀，不想学就不学呗。""现在不是开玩笑的时候，认真点。"老公边说边对我使眼色。我敛了笑，认真地说："我没开玩笑，孩子不想跳就别跳了。我们当初送孩子去学跳舞的时候，也没想着让她以后成为舞蹈家。本来就是作为一种兴趣，如果兴趣没了，那就放弃呗。"

其实，女儿并不是贸然做出这个决定的。早在一段时间以前，女儿就和我说过几次，她说她觉得自己不适合跳舞，她开始讨厌跳舞，每到去舞蹈兴趣班的时候，她都会觉得特别难过。看着女儿痛苦的表情，我知道，跳舞对女儿来说已经成了一种负担。

女儿是从三岁开始学跳舞的，那时的她只要一听到音乐，就会开心地举起小手扭动身体。看到街上有人跳舞，她会兴奋地跑过去，跟着跳起来。当我带着女儿来到舞蹈兴趣班，看着小哥哥小姐姐们在老师的带领下，跟着音乐跳出优美的舞蹈时，女儿兴奋地拍着小手连连喊着："我也要跳，我也要跳！"于是，女儿便留了下来，开始了她学习舞蹈的生涯。

四年来，女儿一直都学得很认真，即使刮风下雨她也从未缺过课，因为她是真心喜欢跳舞。可是现在，女儿越来越觉得跳舞索然无味，每次去兴趣班时，她都磨磨蹭蹭，以前的快乐和期盼早已荡然无存。她说她突然对画画产生了浓厚的兴趣，如果可以拿起画笔在画布上信手涂鸦，那该多好呀！

"为什么不可以呢？"我笑着拉起女儿的小手，接着说，"妈妈送去你上兴趣班，就是为了让你的兴趣能够得到发挥，如果你不感兴趣了，那也就没必要再学习了。"我从未想过女儿长大后会成为舞蹈家、画家或者音乐家。她有兴趣，就让她去深入了解一下，兴趣没了，就可以放弃。多培养一些兴趣，多尝试一种特长，也许女儿会找到一种自己特别喜欢的，并把它当作终身的爱好。

即使到最后，女儿一一放弃，这也没关系，女儿在整个过程中总会收获一些什么。能给她带来一丝快乐，留一些美好在她的记忆中，所有的付出也就值得了。只要日后，女儿能在朋友聚会或者是单位的年会上，被点到名要求表演节目时不至于手足无措，可以镇定自若地拿出个节目，甚至能赢得众人的称赞，这就足够了。

半途而废并没什么大不了，根本不值得勃然大怒或者如临大敌。允许孩子"半途而废"，其实是给孩子多一次选择的机会，让孩子的记忆里多一些甜蜜和芬芳。如此简单之事，何必想得那么复杂呢！坚持是勇气，后悔和放弃，何尝不是一种及时止损的智慧呢。

不妨让孩子
"放飞自我"

儿子小的时候，自主动手的能力很差。眼看着和他同龄的孩子们生活基本都能自理了，可他连穿衣服、穿鞋子这样的小事都不会。不是我不放手让他做，只是每次他都傻乎乎地要么把衣服的里子穿到外面，要么把裤子的后面穿到前面，鞋子的反正更是从来不分，逮着哪个是哪个。有一次，竟然还把两条腿塞到一条宽松的裤腿里。

看到这样的情形，我是又好气又好笑，不得不一次次地帮他脱下来重新穿，比直接给他穿好还费事。一边帮他穿我一边教他如何辨别衣服的前后、鞋子的反正，儿子头倒是点得像捣蒜一样，连连应着，可过后依然我行我素，根本不长记性。

周末早上，儿子又反穿着鞋子走了出来，正在厨房做饭的我急着喊："鞋子穿反了，快换过来。"儿子却丝毫不以为意，端起一杯牛奶咕嘟地喝完，留下一句"妈，我去楼下找小朋友玩了"便一阵风似地跑了出去。我追出来时，儿子已经不见人影，我只好无可奈何地摇着头作罢。

可是没过一会儿，儿子竟然回来了，他走进屋，垂头丧气地坐在了沙发上。"怎么了，这么不高兴？"我摸着儿子的头问。儿子噘着嘴，委屈地说："刚才跟小朋友比赛跑步，我跑了最后一名。""你不是一向跑得很快吗？"我疑惑地问。儿子指着脚上的鞋子说："还不是因为这双鞋子不方便吗？跑起来别扭死了。"

儿子这么一说，我才猛然想起来——鞋子穿反了，跑着不别扭才怪呢。我笑了，说："刚才妈妈不是告诉你鞋子穿反了吗？穿反了鞋子怎么能跑快呢？""那你快教教我怎样穿鞋子，我要去把第一名夺回来。"儿子急切地说。我连忙跟儿子讲辨别鞋子反正的方法，儿子第一次认真地听着，还不断用小手比画着，好像在默默地记着什么。

突然之间，我想到了让儿子正确穿衣的好办法。第二天，儿子又把衣服的里子穿到了外面，但这次我却没有像往常那样着急地强制他换过来，而是任由他穿反着衣服跑了出去。果然不出我所料，不大一会儿儿子又回来了，他说小朋友们都笑话他把衣服穿反了。然后他拉着我的胳膊，急不可耐地说："妈妈，你快告诉我怎样穿才正确，我不想小朋友们再笑话我了。"听了我的讲解后，儿子兴奋地笑了，接着自己穿上衣服得意地跑了出去。

此后，我总是让儿子"放飞自我"，他爱怎样穿就怎样穿，不管穿得是否正确我都不再干涉，只要他不觉得别扭或者小朋友们都能接受。不过经过几次别扭的经历后，儿子现在已经完全学会了自己辨别衣服和鞋子的反正，再也不用我跟在后面帮他改正了。

教育要回归自然，而理想的教育就是一种顺应儿童天性自然发展的历程。也就是要遵循儿童身心发展规律，要求儿童在自身的教育和成长中取得主动地位。偶尔让孩子"放飞自我"，才能帮他们找到自我。

和孩子一起体验
"弯路"的乐趣

送女儿上学，总会路过一个小小的街心公园。步行的时候，我就拉着女儿的手从公园中心直接穿过，这个距离恰好是两点之间最短的距离，可以省去不少时间。

有一次，女儿突然问我："妈妈，我们怎么不走这条铺好的石子路呢？""傻丫头，你看这条石子路弯弯曲曲的，要比我们走的这条路长很多呢。而且石子路很硌脚，你会受不了的。"我笑着回答女儿，颇为自己的生活小经验感到得意。女儿点了点头，没再说话，小眼睛却盯着那条石子路看了许久。

直到那天，我带着女儿出门散步。走到街心公园时，女儿一下挣脱我的手，飞快地向公园里的石子路跑去。在我惊异的目光中，女儿张开双臂在石子路上来回跑着，小脸上浮现出的欢喜和享受让我心头一震。玩够后，女儿在我身旁坐了下来，帮女儿揉着被石子硌得通红的小脚，我忍不住问："傻丫头，不疼呀？""疼我也愿意，我很早就想在石子路上跑一跑了。"女儿满足地笑道。

女儿的回答让我愣住了。很多时候，我们喜欢把自己的经验告诉孩子，希望他们能够凭着这些经验少走一些"弯路"，直接避开当然更好。但越是这样，孩子们的好奇心便越重，这些"弯路"在孩子们眼里便更增添了几分诱惑与神秘。就如今天，女儿终于可以随心地跑上这条石子路，而这个愿望竟在她幼小的心底埋藏了那么久。

其实，何止在走路方面是如此呢？孩子生活中的方方面面莫不是如此。我们知道有些零食对孩子的生长发育不太好，于是，我们便严格控制孩子的饮食，不许他们吃一点点诸如薯片、碳酸汽水之类的"垃圾"食品。可是某一天，我们会发现，看到别的孩子吃薯片时，自家孩子眼神中那分向往和失落有多深切！如果他的面前放着薯片，我想，孩子会吃得比任何人都疯狂。

我们知道学习的重要性，知道哪些行为对学习不利，于是，我们便用丰富的经验给孩子制订了详细的学习计划，如不要看无用的动画片，不要玩浪费时间的游戏，做完作业后，最好能坐下来看一本好书，弹弹琴陶冶一下情操也是好的。

是的，我们告诉孩子的也许都是对的，但是这些对的东西对孩子就都有用吗？孩子们会心甘情愿地接受吗？相比于这些我们大人觉得正确的东西，偶尔的小失误则更能给孩子们带来快乐。小石子路硌了脚，女儿却体会到了一种不同的感觉，并为此而笑个不停；"垃圾"食品对身体不好，孩子们偶尔吃一下也不会吃坏身体，反而会给他们带来一种满足；我们希望孩子能专心学习，不要做"无用"的事情，可如此，孩子们还会有童年的快乐吗？

别再用万分正确的理论来教育孩子了，这样不一定能收获我们理想的教育成果，反而可能适得其反。有时候，请允许孩子走一段小小的"弯路"，让他们自己体会其中的快乐和忧伤，我们只需要在适当的时候，轻轻地把孩子拉回来就好。

不评价孩子的
"第一次"

女儿上小学三年级的时候，要代表全班在升旗仪式上讲话。参加升旗仪式的除了全校的老师和同学，还有一些学生家长受邀参观，这么大的阵势女儿可是第一次经历！最初得到老师的通知时，女儿很犹豫，甚至还打起了退堂鼓。最后在我的再三鼓励下，女儿才鼓起勇气决定试一下。

从下笔写讲话稿、反复修改，到把讲话稿熟记于心，然后对着镜子练习语调和动作，每一个步骤女儿都做得很认真、很努力，看得出来，既然答应做了，女儿就想努力做到最好。我被女儿的热情感染了，也积极地给她提出各种改正的意见。连老公都笑着打趣，说我们简直像是要上国际舞台参加比赛。

女儿在升旗仪式上发言那天，我也在台下观看。虽然提前做足了准备，但女儿上台后，明显还是很紧张。说话一点也不像平时那么流畅，还时有忘词，而且表情和动作也不如在家时灵活，最后算是勉强完成了发言。女儿下台时，朝我这边看了一眼，我忙对女儿做了个胜利的手势鼓励她。

回到家中，女儿显得很沮丧。她告诉我，有同学说她表现得挺不错，还有很多同学说她太紧张，表现得不太好。最后，女儿扬起小脸问我："妈妈，你来评价一下，我表现得到底怎么样？"

女儿一脸虔诚的表情让我犯了难。实话实说，恐怕会伤害女儿的自尊心，打消她的积极性；可一味地说好话，又明显不符合事实，也很难让女儿信服，而且还不利于她的进步。正在我犹豫着该怎么和女儿说时，恰好老公回来了。听了我的苦恼，老公轻松地笑着说："这很简单呀，不知道如何评价就不评价呗。"

"有你这么当爸爸的吗？"我不满地嗔怪道，"别开玩笑！"老公收敛了笑容，认真地说："我没开玩笑呀。你想想我们小时候，不管做什么事情，第一次有做得很好的吗？没有吧。其实，第一次就是一个过程，一种经历，所以根本没有必要去评价它。因为无论如何，以后我们都会做得更好。"

老公的一番话彻底让我释然了。是呀，第一次就是用来练手的，它可以容忍各种糟糕、差劲、不理想的表现。而这些并不重要，重要的是它为我们开启了一扇崭新的大门，证明我们经历过了，如此而已。所以，我们何必非要去做一个评价呢？只要经历过了就是财富。

我把这些道理认真地讲给了女儿听，我告诉她："妈妈不对你的第一次讲话做评价，因为评价并不重要。而且你勇敢地做了，就是很大的成功。妈妈期待你以后有更好的表现！"女儿开心地笑了起来，眼睛里充满了自信和期待。

人生由许多"第一次"组成，孩子用各种各样的"第一次"建立着他们对这个世界的感受，这种感受弥足珍贵。"第一次"的体验对孩子意义非凡，"不评价"是对孩子的保护，是家长用耐心和宽容为孩子铺就成长道路的重要基石。

Part 4

不要太在意孩子，
赋予 TA 成长的能力

"水满则溢，月满则亏。"在教育孩子的过程中，父母过度在意孩子，无时无刻不关注着孩子，反而会剥夺了孩子的成长空间。

别让你的付出
造就孩子的自私

早起给家人做早餐，打开冰箱，只剩下三个鸡蛋了。想着小区里的超市不一定开门，也懒得下楼去买，就只煎了三个鸡蛋。早餐端上桌，老公和孩子也刚好洗漱完毕。

"怎么只有三个鸡蛋？"儿子问。我答："家里只剩这些了，你们吃吧，我不吃。"儿子接着问："那你不饿吗？"我笑着说："没事，我刚好也不爱吃煎蛋。再说，你和姐姐正在长身体，爸爸工作累、饭量大，我少吃点没事的。"就这样，老公和两个孩子各吃了一个鸡蛋，我只喝了一碗稀饭。到上午十点多钟的时候，我的肚子就开始咕咕叫了。

之后，又接连发生了几次类似的事情，有时是忘了买，有时是做少了。当然，作为母亲，每次我都"高风亮节"地把食物让给了孩子们。虽然没有吃到，但我感觉很欣慰，只要孩子满足，自己受点委屈又有什么关系呢！

直到那天下午，我们一家人从外面打球回来，也许是太渴了，我们手里的柠檬水还没有打开，儿子那瓶已经见底了。"好渴啊！"儿子一边说，一边顺手拿走了我的柠檬水。我一下子愣住了！虽然我也很渴，但如果儿子还想喝，我会毫不犹豫地把自己的那份让给他。可是现在，他却直接从我手里拿走，甚至连问都没有问一句，而他脸上那副理所当然的表情让我很吃惊，同时身体里似乎有根刺冒了出来，刺得我的心生疼。

几乎是在一瞬间，我下意识地把柠檬水夺了回来。儿子疑惑地看着我说："妈妈，我还很渴呢！""可是我也很渴呀！"我说。儿子无所谓地说："你不喝不是也没关系吗？"这下，我彻底意识到问题的严重性了。原来，在我眼里的"伟大的母爱""无私的付出"，在儿子看来变成了理所当然。

这可能是很多母亲都会遇到的情况，我们总是想要把最好的给孩子，觉得自己受点委屈没有什么关系。这本无可厚非。可是很多时候，你三番五次地自我委屈，会让孩子觉得凡事就应该是这样的，你委屈一点没有关系，进而就会不在乎你的感受。如此潜移默化中，孩子会觉得你付出再多都是理所当然，不仅不领情，更不会有丝毫的感恩。

想到这里，我笑着说："这杯是属于我的，如果你想喝，妈妈愿意让你给，因为妈妈爱你。但前提是你要征得我的同意。你想想看，咱们一起运动回来，你渴，妈妈也会渴的呀！"看儿子点了点头，我又问："那么现在，你还要喝这杯柠檬水吗？""我不喝了，妈妈。你肯定更渴，因为我已经喝了一杯水了。"儿子想了想，认真地说。最后，在儿子的注视下，我第一次"自私地"喝完了手里的柠檬水。

又一个周末，当我把三个煎蛋端上桌时，儿子把碗往我面前一推，说："妈妈，咱俩分着吃吧！"我笑了。这一次，我笑得格外充实，格外满足。

少吃一个鸡蛋，只是一件小事，但是如果孩子不知道你的付出背后的意义，那么你的行为到头来只会感动自己，还会让孩子在不知不觉中养成自私、冷漠、不懂感恩的习惯。家长只有及时调整心态，做出正确引导，才能培养出懂得感恩的孩子。

"自我牺牲"
可能会伤害孩子

假期，我带孩子去外地拜访一位朋友。在火车上，孩子跟我说饿了。其实，当时已经过了中午，我的肚子也早就饿了。但想着马上就要到站了，不如等下车后找个饭馆吃顿饭，总好过吃火车上高价的盒饭。

看孩子实在是饿了，我便掏出20块钱，打算买一份盒饭。付钱的时候，孩子突然问："妈妈，你不吃吗？""妈妈不……"看着孩子期待的眼神，我把未出口的"饿"字咽了回去，笑着说，"妈妈不可能不吃，我都饿坏了呢！"说着，我又买了一份盒饭。接下来，我和孩子一起抱怨盒饭的口味，又一起吃完了盒饭。

"又贵又难吃，早知道就不买了。"孩子笑着说。我点点头，跟着笑，心里在想，孩子啊，我当然知道这些，但我还是要花这份"冤枉钱"。因为我不愿意做自己忍着饿看着孩子吃饭的"无私"的妈妈。

小时候，因为父母身体不好，姊妹又多，家里经济条件非常一般。父母不得不精打细算，好让生活维持下去。有一次，我跟着母亲去镇子上赶集。为什么去赶集我不记得了，为什么母亲只带了我，而没有带其他姐妹，我也不记得了。只记得那天我很高兴，一路上蹦蹦跳跳，好奇地东张西望。原本，母亲打算在中午之前赶回去，但不知道因为什么事情耽搁了，到了中午一点多的时候，我们还在镇子上。

路过一个烙饼的摊位，看着金黄诱人的芝麻烙饼，我再也迈不动脚了——我太饿了，尤其是闻着刚出锅的烙饼的香味，肚子不争气地叫起来，接连咽了几口唾沫。鼓了半天勇气，我才怯怯地跟母亲开口："妈，我想吃烙饼。"我不确定母亲会不会给我买，要是在平时，我是不敢提这个"过分"的要求的，但那天我实在是太饿了。

"不买！"母亲并没有停下脚步，但在继续走了几步之后，她突然停住了。接着，母亲叹了口气，拐回来买了一个烙饼，递到我手里说："吃吧！每天就知道吃！""妈妈，你不吃吗？"咬了一口香喷喷的烙饼后，我开心地问母亲。母亲瞪着眼睛，没好气地说："我不吃，家里哪有钱让你这样花，把这一个烙饼换成面做馒头，一家人都吃不完呢……"

就像兜头被泼了一盆冷水，我嘴巴里的烙饼突然就没了滋味。后来，我跟在母亲身后，默默地吃完了那个烙饼。中间有好几次，我想把手里的烙饼掰一半递给母亲，但却没有勇气。那一刻，我觉得自己像一个罪人，犯下了不可饶恕的错误。

长大后，我时常会想起那个画面，想起那个耷拉着脑袋的小女孩。我知道，母亲何尝不比我更饿？只是家里条件太差，她不舍得多花一分钱，但因为对子女的爱，她还是给我买了一个烙饼，自己却不舍得吃一口。可是，她可能没有想到，自己的"无私"给一颗幼小的心灵造成了多么大的伤害。

当然，我早就不怪母亲了，我只是在心里告诉自己，不要做那个"无私"的母亲。哪怕条件有限，哪怕只买了一份食物，也可以在孩子递过来的时候，咬上那么一口，与孩子一起分享美食的快乐。

哲学家罗素在《幸福之路》中有这样一段话："做父母的不是应该尽可能地为孩子多做些事情，凡是自我牺牲的父母，往往对孩子极端自私，会从感情上掌握住孩子，过分的牵挂往往是占有欲的伪装。"与其自我感动，不如与孩子一起享受，让亲子间的快乐与温暖，成为温暖孩子一生的财富。

不把孩子
放在首位

有人在一期观察类真人秀节目中发表的一番关于独立女性"人生排序"的观点引起了很多网友的讨论。她的排序是这样的：自己＞伴侣＞孩子＞父母。有一些人，尤其是父母辈的人们，觉得这样的排序不太合理，甚至很不可思议，怎么可以把自己排在首位呢？确实，在大部分中国父母的眼里，孩子永远是排在第一位的。

"爸妈都是为你好"，这句话可能我们都不陌生。似乎自从有了孩子，父母便失去了自我，甚至为了孩子可以放弃一切。付出得越多，父母的要求就越多，他们希望孩子能够按照自己的期望去成长。但事实上，孩子们有时并不认同父母的观点，不理解父母这分沉重的爱，却也只能被动接受。于是，这分爱就变成了一种强迫和束缚，给孩子造成巨大的压力。当然，这样未必不幸福。但可以肯定的是，这样的幸福一定不够轻松。

一次饭后，我们全家坐在一起，一边聊天一边吃着婆婆带来的水果。女儿突然说："奶奶每次带来好吃的，都是先给我。"儿子也不甘示弱地说："爷爷带来好吃的，第一个给我。"老公笑了，问："那要是爸爸带来好吃的呢？先给谁？"本想在孩子们中间立个"好爸爸"的形象，没想到俩孩子异口同声回答："你当然是先给妈妈了。"

哈哈大笑之后，我不得不承认，孩子们说的确实是事实。我和老公从来没有对孩子说"爸爸妈妈只爱你"，更没有说过"你是我们的全部"之类的话。我们当然爱孩子，但不会把全部的重点都放在孩子身上，因为我们还有自己的生活。为人父母，要先经营好自己，我不觉得把自己的生活过得七零八落的人，能当称职的父母。当你快乐时，你的快乐也会传染给身边的人，孩子自然会发自内心地快乐，而且，也不会感觉到压力。

我和老公在婚前约定，每年要来一次"二人世界之旅"，我们很享受夫妻二人间的静谧时光。有了孩子后，这个一年一度的旅行也没有中止。孩子们见怪不怪，只是会故意哀叹说："爸妈又要抛弃我们了。"但看得出来，他们并没有真的难过，反而会很开心。他们知道，父母需要一家人在一起的快乐，也需要独属于他们两个人的快乐。

有一次，女儿放学回来告诉我，她最好的朋友小蕊的爸妈离婚了，小蕊很伤心。她打算好好安慰安慰小蕊。我鼓励了女儿，最后又问："你怕不怕爸爸和妈妈离婚？"听了我的话，女儿竟大笑起来："你们才不会离婚呢，我放 120 个心。再说，你们离婚也好，我和弟弟就不用每天吃你们的狗粮了。"我很欣慰能带给女儿这样强烈的安全感，我想在这样的环境下，孩子能更健康地成长。

就像在那期节目中，主持人对父母们说："我也把自己排在首位，你们也应该把自己放在第一位，你们更爱自己了，孩子们也就放心了。"是的，不把孩子放在首位，也许彼此才能拥有更多的快乐。

德国著名心理疗养师伯特·海灵格曾提出过家庭成员序位排列：一个真正健康的家庭，一定会遵循这个法则——家庭之中，先出现的关系，要优于后出现的关系。一个家庭中，首要的是夫妻关系，其次是亲子关系。把夫妻关系放在首位，生活才会更幸福。

小心"客气"
惯坏孩子

女儿小的时候，因为功课不多，我时常带她出去玩。一次，我带女儿到姑妈家里玩。看着天真可爱的小丫头，姑妈是越看越喜爱，忙不迭地拿出各种好吃的好玩的给女儿。女儿坐在一边玩玩具，我和姑妈则边看电视边聊家常。

我们正被一档娱乐节目逗得哈哈大笑之时，女儿突然想起什么似地跑过来跟我商量："妈妈，我想看动画片。"我小声对女儿说："依依忘了要做个懂礼貌的好孩子了吗？现在姑姥姥正在看电视，和长辈抢电视可不礼貌哦。""来，让孩子看，孩子还小，理应让着孩子。"没等我说完，姑妈便把女儿拉到身边，满脸笑容地把遥控器交到女儿手上。看着姑妈热情的样子，我也不好再说什么，只是看着女儿略带得意的表情，我的心里隐隐觉得有些不妥。

后来有一次，我带女儿去朋友家做客。朋友家的儿子和女儿差不多大，两个小家伙一见面就开心地躲在屋子里玩起了玩具。可没过一会儿，屋子里就传来了争吵的声音。原来，两个小家伙同时想玩"托马斯"小火车，可小火车只有一个，他们都觉得是自己先看到的，于是谁也不肯让谁。

"轩轩，依依是客人，你应该先让她玩。"说着，朋友拿起小火车递给了女儿。看着朋友儿子委屈的样子，我忙说："别这样，这样做不好。"这时，朋友的儿子说话了："没事，阿姨，妹妹是客人，我应该让着客人的。"女儿听后，得意地做了个鬼脸跑开了。

其实，这样的情况并不是一两次，每次带女儿参加聚会或者去亲朋家里做客，女儿总会享受各种各样的"特殊待遇"，而朋友们的热情和客气让我把到嘴边的拒绝又咽了下去，任女儿自我感觉良好地"胡作非为"。

直到那次，在闺蜜家里玩时，女儿蛮横地夺走闺蜜女儿手里的芭比娃娃，理直气壮地说："我是客人，你应该让我先玩。"

那一刻，女儿眼神里的得意和优越感一下子让我呆住了！我没想到，一向懂事的女儿竟然变得如此蛮不讲理。反思过后，我才意识到正是亲朋的过度"客气"惯出了女儿的坏习惯，而最根本的原因其实是作为家长的我没有在适当时候出面制止，进行正确的引导。

"不，即使你是客人也没有特殊权利，芭比娃娃是小妹妹的，她同意了你才可以玩。"我制止了朋友的劝阻，认真地对女儿说。女儿收回了手，但她的改变才刚刚开始。

亲友可以因为"客气"而忽视规矩，但他们不会为孩子的教育负责。孩子的行为是父母言行观念的一面镜子，背后是父母所持有的处世态度。父母的爱和陪伴很重要，正确的引导和及时的教育更为重要。

懒妈教出
"勤孩子"

女儿上一年级后，我突然感觉到了莫名的压力。一年级的课程不比幼儿园，在轻松的游戏中就可以完成。每天放学，女儿都会有很多需要完成的作业，包括各种手工和实验。而且小学有严格的作息规定，女儿再也不能像在幼儿园那样，随意迟到或者早退。女儿显然一时并不能适应这样的改变，完全跟不上节奏。于是，不得不由我来督促，甚至女儿需要在我的帮助下完成各项任务。

每天早上，我都要比以往提前半小时起床，好给女儿的赖床和拖沓预留出时间。为了不让女儿迟到，我要帮她准备好洗漱用品，甚至还要喂她吃饭。做好这一切，我再顶着自己上班迟到的风险送她上学，谁知道让她自己去她会不会在路上玩耍忘了时间。仅仅这些还不算什么，每天下午放学，我要一遍遍地催促她做作业，坐在一旁看着她写，随时准备解答她在做作业中遇到的问题，写完后还要帮她检查。然后，晚上再提醒她不要看太久电视，要按时睡觉，保证第二天精力充沛地去上学……

可是一段时间下来，我越来越觉得吃力，有一种心力交瘁的感觉。而女儿非但没有一点进步，还似乎依赖上了我，完全没有一点自主能力。那天晚上，我在单位加班，回到家已经十一点多，女儿已经睡着了，可作业仍摊在书桌上，竟然连一个字都还没写！那一刻，我既自责又生气，真不知道该怎么办好。没想到，第二天女儿放学回来后，竟意外地主动写起了作业，还噘起小嘴闷闷地说："老师今天狠狠地批评了我，我可不敢再不按时完成作业了。"

看着女儿认真的样子，我突然想，自己偶尔的一次"偷懒"，竟然让女儿产生了一点自主学习的意识。或许以前一直是我太"勤"了，从而养成了女儿的惰性，由于太关注她的学习和生活，反而让她变得没有责任感和自觉性，对我产生了依赖，并养成了拖拉的习惯。想到此，我决定，以后不再为她鞠躬尽瘁，要学着去做一个"懒妈"。

"从明天起，你自己去上学，反正学校也不远，走路顶多十分钟。"我认真地对女儿宣布。女儿听了有些兴奋，连连点头同意了。当然，我免不了对她进行了一番安全教育，第二天便让女儿背起书包独自走向学校。没过几天，女儿因晚上看电视睡过了头，要求我骑车送她去上学。我借口自己上班也会迟到拒绝了她，果然，迟到的女儿挨了老师批评。可从那天以后，女儿学会了按时睡觉，而且早上起床也不拖拉了。

这只是第一步，接下来，我又"懒于"陪女儿做功课了。我告诉她，功课是她自己的，所以一定要学会自己独立完成。我只负责提醒她什么时候该做作业，然后便去忙自己的事情，写完后我负责在作业上签字，甚至连检查作业这件事我也选择了放手，女儿不高兴地提出抗议："你这个妈妈也太懒了吧。"我耐心地说，不是妈妈懒，而是你要养成对自己负责的习惯。现在的作业我可以帮你检查，可是考试的时候谁来帮你检查呢？所以，要学会自己检查，发现错误，改正错误。一段时间后，女儿不仅可以自己按时完成作业，而且几乎没有出错的地方。

尝到了"懒惰"的甜头，我又再接再厉，一懒到底。凡是她力所能及的事情，我都放手让她自己去做，小到整理书包、准备学习用具，大到打理自身卫生、收拾房间。还有老师布置的各种手工和实践活动，我都"懒得"帮助她，只是告诉她大致的方法，具体的工作都由她自己一步步完成。

如今，女儿不仅学习成绩优秀，还养成了良好的学习和生活习惯。日常学习和生活里的各种小事情，基本上都可以自主解决完成。很多人都羡慕地向我讨教育儿经验，我只是笑着说了两个字：懒惰。

勤和懒是相互牵制、相辅相成的：大人勤快了，孩子就懒了；大人懒了，孩子自然就勤快了。不揠苗助长，不事事代劳，放弃严格的管控、适时放手，学会做一个"懒惰"又有智慧的家长，给孩子一个独立的契机，助力孩子的成长。

我不会帮你
背书包

◇◇◇◇◇◇◇◇◇◇◇◇◇◇

　　因为平时工作忙，接送孩子上学的任务就落在了父母身上。好在二老退休后身体还很硬朗，也乐得每天接送孙子、陪孙子玩乐。这天我没上班，便主动请缨去学校接儿子放学，让二老休息休息。

　　到达学校时，校门口已经有很多家长在等候。等候的人群大多上了年纪，估计都是爷爷奶奶或者外公外婆。大家一边等，一边有一搭没一搭地闲聊，除了学习，还互相交流孩子的喜好、口味等。放学铃声终于响起，家长们的"会谈"也及时停止，所有人都突然来了精神，伸长了脖子往学校里焦急地张望，直到看到自己的孩子，才情不自禁地露出微笑。

看到我，儿子有些意外，但更多的是开心。我伸出手，准备拉着他一起走时，儿子一抖肩膀，麻利地取下书包，递到我手里，然后一蹦一跳地往前走了。我愣了半天，才回过神来，看来平时他的书包都是爷爷奶奶帮忙背的，以至于他早就习以为常，甚至觉得背书包原本就是家长的事情。

我拎了下书包，并不沉。儿子刚上二年级，书本并不是太多，而且有些不是每天必需的书本他都留在了学校。背这个书包在他的能力范围内，完全不会造成什么负担，反而能够起到锻炼身体的作用呢。可是环顾四周，我发现路上的孩子们竟然没有一个是自己背书包的，几乎都是家长代替。

作为一名母亲，我不会替儿子背书包。我很理解家长们爱护孩子的心理，但是在我看来，爱护和锻炼并不矛盾，宠爱和溺爱也只有一线之隔。孩子小的时候，家长们恨不得把他们捧在手里、含在口里，舍不得让他们吃一点点苦头，想要替他们做所有的事情。可是，等孩子大一些之后，家长们又开始抱怨孩子不懂事，不懂得感恩，甚至连自己力所能及的事情都不愿意做。还有家长无奈地发出"现在的孩子都吃不了苦"的喟叹。

可是，这全部都是孩子的责任吗？其实不然。事实上，在一开始的教育中，我们的家长就做错了。有多少父母是按照培养男子汉或者独立女性的标准来教育孩子的？学校大扫除，家长们拎着工具代替孩子干活，孩子多干一点都要找老师理论，指责老师"偏心"；孩子一走出校园，家长们就忙不迭地接过书包……这如何能培养起孩子的责任感与感恩之心？这样的爱护早就剥夺了原本属于孩子的锻炼机会，这样的宠爱其实早就变成了溺爱。

"儿子，你长大后要不要当男子汉？"我叫住儿子，蹲下身子问他。儿子拍着胸脯回答："我当然要当一名男子汉。"我笑了笑，对儿子说："男子汉连自己的书包都背不动吗？"听了我的话，儿子脸一红，一把抢过我手里的书包背在肩上，得意扬扬地对我说："我当然背得动。我是男子汉，还要照顾爷爷奶奶呢，以后你们统统不能替我背书包了。"

关于是否应该替孩子背书包这个问题，有专家这样说：孩子没有背"残"的，只有"爱"残的。与其帮助孩子背书包，不如陪孩子整理书包，去除不必要的负担，然后让他自己承担起背书包的"责任"，做一个独立、有担当的孩子。

妈妈也有
爱吃的

　　儿子从小胃口就好，几乎不怎么挑食，对食物很感兴趣。这一点倒是让我省心不少，不必像其他妈妈一样，成天挖空心思想着怎样让孩子多吃几口，更不必跟在孩子身后追着喂饭。他想吃什么，只需要满足他就行了。

　　可是时间长了，儿子养成了一个习惯，只要是自己喜欢吃的食物都想要来一点。每次逛街，儿子总是嚷嚷着要各种吃的，手里都拿不下了。当然，他肯定吃不完，最后剩下的都交给我消灭。于是，每次和儿子一起出去，我几乎都不用点餐——儿子剩下的我都吃不完。

其实，儿子喜欢吃的食物我都不怎么爱吃，可是没办法，如果不吃就会浪费，我只好勉为其难地吃完。为这个问题，我曾说过儿子好多次，儿子虽然嘴上答应，可是一转身就忘了，下次依然我行我素。

有一次，我带儿子去南方旅游。难得来一次，我当然想要尝一尝期盼已久的当地美食。儿子对那些当地美食似乎没有兴趣，这其实也正常，很多孩子并不喜欢尝试新的口味，喜欢吃自己熟悉的食物。到了饭点，儿子就直奔汉堡店了。也许是真的饿了，儿子一口气点了很多吃的，我在一旁小声提醒，让他少点一点，如果不够，可以再点。儿子却充耳不闻，点了汉堡、鸡腿、鸡翅、薯条等一大堆东西。

果然，吃了一半之后，儿子就开始打饱嗝。他把剩下的食物往我面前一推说："妈妈，我吃不下了，你吃吧。"说实话，看到儿子这个样子，我很生气，毕竟之前我再三提醒过了。而且，这个习惯真的不好，他应该对自己的食量有一个清楚的认知，在点餐的时候做到心里有数。是时候让儿子做出改变了，我在心里对自己说。

"这是你点的食物，你自己解决。"我说。儿子皱了一下眉，又理所当然地说："我真的吃不下了，你吃吧，反正你也还没吃饭呢。"

我摇摇头，看着儿子认真地说："我不吃，因为我不喜欢吃这些。我和你一样，也有自己喜欢吃的食物。""那这些剩下的食物怎么办？"听了我的话，儿子有些为难地看着面前的食物。我接着说："要么你现在吃完，要么打包带走，你晚上再吃。"儿子想了一会儿，同意打包带走。

晚上，我把剩下的汉堡加热后拿给儿子当晚餐。很显然，加热后的口感并不好，儿子硬着头皮吃了下去。我拍着儿子的肩膀说："不是妈妈故意让你吃剩饭，而是我想让你明白，你要对自己的行为负责，既然吃不完，就不要点那么多。妈妈也有爱吃的，不能每次都替你吃剩下的。"儿子点了点头，我觉得他听懂了我的话。后来，儿子有了明显的改变，即使面对自己最喜欢吃的食物，也可以做到有节制、知分寸。

孩子小的时候自控能力都比较差，做事情不懂节制，没有分寸。这时候，你要告诉他，妈妈也有自己的喜好，不能替他收拾残局，他需要学会为自己的行为负责。这是人生中重要的一课。

陪孩子做点
无用的事

春天的早晨，正在学画画的女儿突然看到窗外的草坪上落着一只彩色的小鸟，女儿兴奋地叫着："妈妈，快看，那是什么鸟啊？"我漫不经心地看了一眼，说不知道。女儿好像很感兴趣，央求道："妈妈，你带我出去看看好吗？""看那个干啥，这幅画还没完成呢，别做那种无用的事了。"我语气中的不容置疑让孩子怯怯地住了口，眼睛里的光亮也一点一点地黯淡下去。

夏天的傍晚，闷热的天气终于有了一丝凉风，树上的知了、池塘里的青蛙，与草丛中的昆虫共同奏响了一首动人的交响乐。

女儿正在我的监督下练习弹钢琴，弹着弹着，就像是走了神儿，总是弹错音符。我不满地责怪了几句，女儿却一脸神往地侧着耳朵说："妈妈，你听，窗外的音乐多么美妙呀，我们去外面听听吧。""这首曲子还没练熟呢，干那些没有用的事情干吗？"我厉声说道。女儿虽然委屈但还是无奈地继续练习弹钢琴。

秋高气爽，果实飘香，田野里一片丰收的景象。女儿却忙着完成那一大摞试卷，当读到试卷上一首关于落叶的散文时，女儿突然心血来潮说："妈妈，现在外面的地上不是铺了一层落叶吗？我们一起去捡落叶好吗？"我难以置信地看着女儿，反问道："捡落叶有什么用？把这篇散文理解透了才最重要。"听完我的话，女儿欣喜的表情突然定格在了脸上，接着低头写作业。

冬天，下起了大雪，外面变成了一个银装素裹、白雪皑皑的童话王国。女儿望着窗外的大雪出神，我想她此刻一定想去雪地里疯玩一场，然后堆个雪人陪她一起玩耍。突然，潜藏在我内心的童心一下子被唤醒，我对女儿说："要不，我们一起去外面堆个雪人？"女儿的眼睛里闪过一丝光亮，却开口说："算了吧，做那种无用的事干什么，还不如背篇课文呢。"

女儿的话让兴高采烈的我无言以对，一直以来，我都教育女儿不要去做无用的事，可是什么是有用的事，什么又是无用的事呢？难道只有学习才是有用的事吗？可是我却看到孩子的童真、好奇正在这种枯燥的学习中一点点消磨殆尽。况且谁又能说在大自然中玩耍，接触大自然、认识大自然，不是一种学习呢？这种最直观的学习才是最有效的学习呀。

想到此，我拉起女儿的手，郑重地对她说："走，我们去堆雪人，尽情地体会大自然带给我们的美好。"女儿在我的眼神里看到肯定时，兴奋地笑了。

趁着孩子还未长大，趁着自己还未变老，多陪孩子做点无用的事情吧。其实，无用有时恰恰是最大的有用！

跟儿子
"抢零食"

大概是家人对儿子太过溺爱，小家伙竟然养成了霸道、自私的习惯。有什么好吃的好玩的，全紧着他一个人。看着他又吃又占、憨态可掬的小样儿，大家还被逗得哈哈大笑。可是后来，这种情况越来越严重。到最后，只要是他看上的东西，别人连动都不能动。否则，他就开始又哭又闹，躺在地上撒泼。好几次，我都想好好教训一下他，无奈他的爷爷奶奶极力"护驾"，我也就罢休了。

一个周末，婆婆做了一大桌子菜，打电话让大姑姐回家小聚。一大家子人围坐在桌子旁，高高兴兴地边吃饭边聊家常，气氛很是融洽。突然，儿子用手指着桌子说："你们都不许动，这些菜都是我的。"姐姐笑着问他："不许我们吃，你一个人吃得了吗？"小家伙歪着脑袋，想了想说："吃不了也不许你们吃。"大家被他蛮横的样子逗得大笑起来，自然也没把他的话当回事。可谁知道大家正吃菜的时候，他竟然哭闹着把盘子掀翻，嘴里还嚷嚷着："不许你们吃，不许你们吃。"这一下弄得大家面面相觑，吃也不是，不吃也不是了。好好的一场聚会就这么尴尬地结束。

大姑姐走后，我气得鼻子都歪了。我想要狠狠地揍他一顿，小家伙却躲到了爷爷奶奶身后。冷静下来，想想打他毕竟也不是办法。于是便静下心来，耐心地跟他摆事实讲道理，可是别看小家伙答应得好好的，一到关键时刻，依然我行我素。既然软的不行，我只好来硬了的。

这天下午，婆婆给儿子买了一大兜零食。本来这些都是他的，我们从来不动的。但这次，我也走过去，大大方方地拿起一袋薯片吃了起来。儿子用奇怪的目光看着我说："妈妈，这是我的东西啊。""谁告诉你的？有好的东西就应该大家分享。"我一边跟婆婆使眼色一边理直气壮地说道。

眨眼间，我消灭了两袋薯片、三个果冻、一个奶酪。儿子见状急了，说："不许吃了，都给我吃完了。"我不理儿子，继续大开吃戒。儿子终于拿出了他的撒手锏——躺在地上撒起了泼。可惜，婆婆早就躲了出去，他现在已经没有救兵了。等他哭够了闹够了，我拉起儿子说："以后有好东西要大家一起分享，否则就像今天这样我一个人全部吃完。"儿子含着泪水点了点头。

这之后，每次买了零食或者有什么好吃的东西，我都要理直气壮地跟儿子抢着吃。次数多了，小家伙也变乖了，每每都会主动奉上。慢慢地，他养成了分享意识，有好吃的总会慷慨地跟大家分享。爷爷奶奶吃着孙子亲手奉上的食物，乐开了花，对我当初"抢零食"的行为自然也释然了。

分享是儿童社会性发展的一个重要组成部分，对儿童道德判断、社会价值的获得、社会能力的培养以及健康人格的发展，均有无法替代的作用。父母"以其人之道，还治其人之身"，是一个帮助孩子养成良好分享意识、提高社交品质不错的办法。

培养孩子的
"自然观察力"

"快收拾东西，准备去补习班了。"暑假第一天，我大声招呼起正在看动画片的女儿和儿子。暑假有两个月，我还要上班，陪他们的时间不会太多，所以打算给他们报几个补习班，一来他们能有个放心的去处，二来也能增加点知识，也算一个有意义的暑假。

"我不想去补习班。"女儿瞪大眼睛，抗议道，"我想自己安排自己的暑假。"女儿一说完，儿子也马上跟着附和："嗯，我也不想去补习班。"看着眼前半人高的孩子，以及孩子们一脸坚决的表情，我突然意识到也许是该征求一下他们的意见。

我在沙发上坐下来问："那你们想怎样过暑假？""我们想回乡下的奶奶家。""嗯嗯，可以下河洗澡捉鱼，晚上还能看萤火虫。"女儿和儿子争先恐后地说道。看着俩孩子向往的样子，我知道姐弟俩肯定早就商量好了，既然如此，不如干脆就如他们的愿吧。况且，爷爷奶奶早就说想孙子孙女了呢。

开车将近一个小时，终于到了奶奶家。俩孩子兴奋地拉着行李跑进门，爷爷奶奶自然高兴得合不拢嘴。安顿好后，孩子们便迫不及待地拉着我出了门。在房后的小山上，孩子们兴致勃勃地跑来跑去，好奇地询问各种植物的名字，饶有兴致地蹲在地上观察草丛中的各种昆虫，不断地提出疑问。不过这可难不倒见多识广的爷爷，听着爷爷沉稳地讲解各种动植物的知识，姐弟俩简直都入了迷。

晚上吃饭时，姐弟俩竟破例没有挑食。而且吃完饭后，女儿还抢着帮奶奶收拾碗筷！"老师一直教育我们要尊老爱幼，奶奶年纪大了，我当然应该帮奶奶做力所能及的事情。"女儿认真的一番话顿时让我刮目相看，没想到女儿潜藏的孝心和礼貌在这里被激发了出来。儿子见状，自然也不甘示弱，又是帮奶奶扫地，又是帮爷爷捶背，惹得老两口哈哈大笑，直夸孙子孙女懂事可爱。

陪伴孩子们住了两天后，我便放心地回去了。每天晚上孩子们都会通过电话向我汇报一天的行程，今天跟着爷爷去放羊，明天和奶奶一起去喂鸡，甚至还跟着爷爷下田学种菜呢。从孩子们每天的讲述中，我能感受到他们一点点的进步。月末的时候，我去乡下看他们。姐弟俩一个帮我搬凳子，一个帮我倒水，忙得不亦乐乎。儿子搬凳子的时候，不小心差点摔倒，女儿忙跑过去扶着弟弟，还关切地问："没事吧？"这还是以前那个和弟弟斤斤计较的姐姐吗？

眼前的这一幕让我简直不敢相信自己的眼睛，短短一个月时间孩子们竟有了如此大的变化！看来，尊重孩子们的意愿，更能调动他们的主观能动性，而乡下这个新鲜的环境，也带给了他们别样的体验，激发了他们的兴趣，更让他们收获了很多课本上学不到的知识。这个特别的暑假一定能留给他们美好的回忆。

哈佛大学教授霍华德·加德纳把人类智力表现分为八种智能，而自然环境的敏锐观察能力，是孩子众多智能表现中重要的一环，也是非常值得被开发的一项潜能。对孩子来说，大自然是无穷无尽的知识宝库，是成长教育中不可缺乏的一环。

青春期孩子的试探

虽然听很多朋友讲过自家孩子做出的种种"不听话"的行为，但我一直认为我的儿子不会有叛逆期。他是多乖的一个小孩啊！他的性格很稳，喜静不喜动。小的时候，他和邻居家的孩子去外面玩，经常有家长带着受了欺负的孩子找到邻居家"讨公道"，但我家从来没有人找上门来。在学习上，他也积极主动，把各项作业都安排得井井有条。从小到大，不知道让我省了多少心。

可是，最近一段时间，我却发现儿子似乎变了。感觉最明显的是上个月儿子去参加夏令营。这是儿子第一次离家，也是第一次离开父母那么长时间。原本我有点不忍心，但想着儿子渐渐长大，不可能一直像小时候那样黏在父母身边，他总要学会独立，学会自己照顾自己，便同意了。怕儿子想家，也怕自己的情绪影响儿子，整整半个月，我都没敢给儿子打电话，只是通过带队老师了解儿子的情况。让我意外的是，儿子也没有给我们打电话。我的心里不免有些失落，但更多的是欣慰，看来，孩子终于长大了。

从夏令营回来后，儿子没像以前那样兴奋地跟在我们身后，叽叽喳喳地给我们讲述这些天发生的有意思的事情。面对我和爱人的询问，儿子也似乎有些不耐烦，应付了几句就回到自己房间关上了门。要说之前也有过类似的情况，但都是儿子跟我们赌气的时候，像现在这样莫名其妙的情况从来没有过。

没想到，从那天之后，儿子就开始有意无意地躲着我们。放学回来，就钻进自己的房间，喊他吃饭时他才出来，吃完饭就又回到房间。周末，也不再要求我们带他出去玩，人家自己约了同学出去呢！

"咱儿子是怎么回事？难道进入叛逆期，开始排斥父母了？"爱人问我。我也很焦虑，却又无可奈何，从前那个听话懂事的孩子去哪儿了呢？我不明白，青春期的孩子为什么都那么讨厌父母呢？

　　直到有一天，我帮儿子收拾房间时，无意中看到了他的日记。我并没有打算偷看，可是看到日记本平摊在桌子上，就忍不住看了两眼。儿子在日记里写道：我不想长大，我很害怕，总有一天父母要离开我，我不能再依靠他们，不能再获得他们的帮助……我不知道他们的想法，我也不知道他们是不是还在乎我……

　　原来，儿子这段时间表现出来的对我们的"排斥"只是在试探。面对长大，他会紧张、害怕、迷茫，他害怕失去父母的庇护，所以用一次次的"抗拒"和"叛逆"来试探我们，看我们对他的爱是否一如从前。表面上看，他是在推开我们，可实际上，他是想紧紧地和我们拥抱在一起呀。

　　我把这些告诉了爱人，后来，我们对儿子投入了更多的耐心和关爱，我们想用行动告诉他：父母永远爱你，永远是你最坚实的依靠。慢慢地，儿子对我们不再那么抗拒，又开始愿意和我们分享学习中遇到的开心或者烦心的事情。那个懂事乖巧的儿子又回来了！

　　有这样一种说法：叛逆，是孩子送给父母最好的报复。其实，孩子想要的很简单，他们需要得到外界的关注，得到应有的权利，得到父母的尊重，得到实现自我价值的机会。父母们，请对青春期的孩子多一些爱和关心，他们所谓的"叛逆"，也许只是因为恐慌而做出的试探。此刻，他们需要的是一个肯定的答案。

别让成败
羁绊了成长

女儿上幼儿园的时候，有一天放学，女儿一路上依旧叽叽喳喳地说个不停，时不时地发出一阵阵笑声。而我却紧绷着一张脸，全然没有了往日轻松的心情，表情阴郁得简直可以拧出水来。就在刚才，幼儿园举办的七巧板记忆力选拔赛上，女儿出人意外地落选了。原本期望着女儿能脱颖而出，光荣地站在领奖台上，我甚至可以想象出别的家长投来的羡慕的眼光。可惜，现在一切都落了空。

回到家后，我一屁股坐在沙发上，沮丧和失望一起向我袭来。"就差了三秒,如果女儿能再快一点点,就能获得胜出资格了。"我不住地埋怨着,依旧对女儿不争气的表现耿耿于怀。老公回头看了我一眼,不以为然地说:"胜败乃兵家常事,区区一次落选,有什么大不了?""你不懂,这是一次很重要的锻炼机会,直接关系到女儿未来的发展。"我霍地一下站起来,指着老公恨恨地说。老公看我情绪不好,干脆噤了声,不再搭理我。女儿也似乎察觉到了我的不快,瞪着一双大眼睛怯怯地看着我。

整整几天,我都闷闷不乐。为了准备这次比赛,我找资料、查文件,还亲自跑到幼儿园向老师询问记忆力培训的要点和方法,每天晚上有意识地对女儿进行培训。有时,为了营造出比赛的感觉和效果,我拉上老公以及孩子的爷爷奶奶都来参加。以至于有段时间,吃过晚饭他们都要找借口出去,就是害怕参加"令人压抑的"比赛。看着老公一脸的恐惧,我哭笑不得——你们都不愿意参加,我还委屈呢,我牺牲了多少个人时间呀!这段时间,我好像又回到了高考前的那种状态,只要有空余时间就是看书、揣摩,想着怎样能更好地锻炼女儿,提高女儿的记忆能力。一直坚持的饭后散步也取消了,报的瑜伽班都忘了多长时间没去了,更失去了睡前看会儿书、写点文字的"闲情逸致"。其实,付出这么多我一点怨言都没有,只要女儿能取得理想中的成绩,可是……

　　这天下班回家，我感觉有些累，就躺在沙发上休息。忽然耳边响起了开门声，接着便是女儿刻意压低的声音："爸爸，妈妈生病了吗？""妈妈可能是累了。"老公轻声回答。"哦，是不是我没获得记忆力小明星，妈妈生气了呀？"女儿的声音有些低沉，"可是，我尽力了。妈妈不也常说，只要尽力就好了吗？"老公忙安慰女儿："没事没事，爸爸知道依依尽力了。"听了父女俩刚才的对话，我心里有些发酸，便佯装睡着了，一动没动。

　　不大一会儿，我听到了女儿大口大口的喘气声，然后身体便有覆压的感觉——女儿在轻手轻脚地帮我盖毛毯。她小心翼翼地帮我把毛毯盖好，还细心地把边角掖了掖。感受着毛毯的柔软，我的内心涌上一阵温暖。老实说，女儿是个懂事的孩子。听话、乖巧、讲礼貌，尤其知道心疼大人，每次我有点不舒服，女儿总是小大人似地关心我、照顾我。周六周日的时候，还会陪着爷爷奶奶去公园里散步，小丫头左手拉着爷爷，右手挽着奶奶，一口一句"爷爷慢点""奶奶小心"，逗得两位老人笑得合不拢嘴，见到的邻居们也都赞不绝口，直夸女儿懂事。

　　"依依，叫妈妈吃饭了。"老公在厨房里喊女儿。听到老公的叫声，我慢慢地睁开眼睛，恰好看到了女儿关切的眼神。看到我"醒来"，女儿一脸担忧地说："妈妈，你没事吧。"我笑了笑，摸着女儿的脸蛋说："乖，妈妈没事。"饭桌上，正埋头吃饭的女儿突然抬起头说："妈妈，我知道这次比赛让你失望了，但是我真的尽力了，下次我一定更努力。"我正欲开口，老公接过了话头："依依说得真好，这次没取得好成绩，下次努力就好了。""不，"我看着女儿认真地说，"健康和开心才是最重要的，只要你能快乐地成长，我和爸爸就满足了。"女儿盯了我许久，高兴地露出了笑容。

很多时候，家长习惯把孩子的问题看得太重。期望太高必然导致失望也大，而这种过高的期望本就接近病态，失望后的阴郁自然也变得滑稽可笑。只要孩子健康、快乐，成长过程中的一点点小挫折、小失败就没有什么大不了，既然孩子可以轻松地面对失败，家长又何必苦苦纠结于此呢？

Part 5

批评与否定，会让孩子
变得没有安全感

家长不断批评孩子，只会让孩子陷入自我否定，觉得父母"不爱自己"。法国雕塑家罗丹说：美是到处都有的，对于我们的眼睛，不是缺少美，而是不善于发现。身为父母，要学会欣赏孩子。

好父母的嘴上
有拉链

天气晴好，几个朋友相约带着孩子爬山。玩累了，大家就坐在草地上喝水、吃东西。看着周围来往的行人，儿子突然问我："妈妈，如果有一天我被坏人抓走了，你会去救我吗？"我当时正和朋友聊得起劲，不想回答这个问题，也想着和孩子开个玩笑，就随口说道："不去。"儿子听了我的话，似乎有些不高兴，他放下零食，起身坐到了另一边。

我没有太在意，接着跟朋友聊天。朋友却停下来，对我说："你这样回答是不对的。"我笑了起来，说："我就是开个玩笑。

他要是丢了，我还不得急死？"朋友没有笑，反而认真地对我说："开玩笑也不可以，有时候孩子是分不清楚的。而我们不知道，这句话可能对孩子造成多大的影响。"

朋友告诉我，以前她也像我这样，喜欢开玩笑，在孩子面前也总是随心所欲，想说什么就说什么。直到有一次，在单位加班时，她的一个同事带来了自己的儿子。在办公室里，同事的儿子乖巧地坐在椅子上看书，和妈妈说话时也轻声细语，可能是担心打扰到大家的工作。朋友不由得称赞道："孩子好懂事，好可爱啊！"同事笑了笑，却说出了这么几句话："可爱什么呀！跟他爸爸一样让人费心。天天不听话，烦死了。今天是在陌生人面前，才装得这么老实的。"

朋友感觉挺尴尬的，她知道同事并没有那么想，可能只是表示一下谦虚，但当时的气氛确实有一点怪异。更让朋友尴尬的是，同事的儿子就在身边，听了妈妈的话，他并没有生气，反而冲朋友微笑了一下，一脸的习以为常。看到同事儿子脸上的笑容，朋友突然觉得很心疼，甚至心痛——不知道平日里他遭受过多少次妈妈这样无心的"语言暴力"！

"看到孩子无奈的微笑时，我一下子醒悟了。从那以后，我一直提醒自己，面对孩子时，要在嘴上装个拉链，绝对不能像以前那样，随心所欲地乱说，甚至说出一些口是心非的话来。"朋友看着我说。

是呀，平时我们总说希望孩子以后成为自信、善良的人，可是如果我们给予他们的总是冷酷和狰狞，孩子怎么可能阳光和温暖呢？当随口对孩子说一些话时，我们可能从来没想过，在孩子眼里，我们是父母，是他们的天地，甚至是他们的一切，我们说出来的话有很重的分量。

人刚生下来都一样，仅仅由于环境和教育的不同，有人可能成为天才，有人则变成凡夫俗子甚至蠢材。在孩子三观逐渐形成的时期，父母的每句话、每种行为，都可能对孩子的未来产生不可预估的影响。好父母的嘴上有拉链，当明知一些话不该说时，就会及时拉上拉链。

不要随意给孩子
贴负面标签

也许是性格方面的原因，女儿做起事情来总是慢吞吞的。早上起床穿衣洗漱最少需要半个小时，去个厕所也要十来分钟，就连喝一杯我给她热好的牛奶也要磨磨蹭蹭地好一会儿才喝完。为此，我不止一次地说女儿，可女儿依旧我行我素。那次气急，我忍不住脱口而出："哎呀，简直慢死了，真是只小乌龟。"话说出口，我便有一丝悔意，偷看女儿的脸色似乎并没有什么异常，这才松了口气。

这天下午，我去幼儿园接女儿。刚到教室门口，李老师冲我招了招手示意我跟她到办公室。在办公室里，她满脸疑惑地对我说："过段时间幼儿园要举办一场运动会，全体都要参加，班里的小朋友都选报了自己参加的项目，可依依哪一项都不报。以前依依是有点内向，可集体活动还是很愿意参加的，这次是怎么回事呢？""这孩子怎么这么没有进取心呢？"我一听也很着急。李老师又笑了笑说："您也别急，回家好好开导下孩子，弄清楚孩子到底是怎么想的。"我忙不迭地点了点头。

回到家后，我问女儿："你为什么不愿意参加运动会呀？"女儿似乎并不愿意回答这个问题，抗拒地转过了头。我只好继续耐心开导："参加运动会多好呀，既能和小朋友们一起玩，又能锻炼身体，多好玩。"女儿的眼神突然闪了一下，继而又黯淡下去："可是，我……我怕拖小朋友们的后腿。"我不由得笑了起来："重在参与嘛！再说你怎么知道自己会拖小朋友们的后腿呢？"

没想到此话一出，女儿的眼圈竟突然红了起来，她低下头小声说："我就像一只小乌龟，无论做什么都很慢，怎么都快不起来。""谁说你是小乌龟了？"我顿时哭笑不得。不过就在一瞬间，我想起前几天的事情，原来自己不经意的一句话竟给女儿造成了这么大的影响，甚至让她产生了心理阴影。

"乖，你不是小乌龟，任何人做事情都会有慢的时候，这不算什么问题，我们可以通过锻炼慢慢改变。"我轻轻拍着女儿的小手说，"即使是小乌龟，也可以凭着勇敢和坚持获得最终的胜利的。"迎着女儿的目光，我坚定地点了点头："相信妈妈，依依会很出色的，只要你肯努力。"等我说完，女儿脸上终于露出了笑容。

在孩子们的成长过程中，总会出现这样那样的问题，作为家长，我们切忌随便给孩子下定论、贴标签，这样不仅无助于孩子的成长，反而会给他们造成很大的心理压力。要记住，唯有爱和鼓励才是孩子健康成长的助力！

"不要做"妈妈和
"非要做"孩子

儿子6岁的时候，似乎就已经进入了"叛逆期"，不管什么事情，都喜欢和我对着干。我不让他乱扔玩具，他却把玩具扔得遍地都是；我不让他把水弄洒，他却把水倒一地；我不让他吃糖，他却一颗接一颗地吃……总之，我不让他做什么，他却偏偏要做。我在家里大呼小叫"不要做"，儿子总是用实际行动回答我：非要做。

有一次，儿子坐在阳台上的充气池里玩水，我在一旁洗衣服。可能是玩得太兴奋，儿子不停地拍打着水面，把整个阳台都弄得湿淋淋的，我拿拖把拖了好几遍才拖干净。我告诉儿子，不要再把水弄出来，不然我还要再辛苦地拖地板。儿子点点头，但他转头就忘记了。等我去卧室拿衣服回来的时候，地板又变成了"汪洋大海"。我又累又气，忍不住大声说："你要是再把水弄洒，我就不让你玩了！"但是，结果估计大家都猜到了，后来我又连拖了好几次地板。

还有一次，我急着完成一项工作，而当时老公还没下班，就只好让儿子在我身边玩。可是，这小家伙一点都不让人省心，不是不停地喊我，就是踢我的凳子，甚至还动手乱敲我的键盘。我生气地训斥道："妈妈在工作，不要再敲我的键盘了，听到了吗？"也许是我太过严肃了，儿子吓得不敢出声，他缩到一旁，不再烦我。几分钟后，儿子怯怯地问我："妈妈，我现在做什么呢？"

儿子的一句话突然把我问住了。此刻，我在电脑前忙碌，把6岁的孩子丢到一旁，他该做些什么呢？他的内心应该是无聊、孤独，甚至是没有安全感的吧！想到这里，我把孩子拉进怀里，轻声对他说："妈妈需要尽快完成这项工作，你先看一会儿绘本好不好？等妈妈完成工作后，就陪你，好吗？""嗯，那我去看绘本了。"儿子说完，就从书架上取下几本绘本，坐在一旁看了起来，在我完成工作之前，再没有来打扰我。

经过这件事情后，我突然开始反省自己。为什么每次儿子都要跟我作对，是不是因为他不知道自己该做什么呢？就比如这次，他之所以不断地打扰我，只是因为他不知道自己能做什么，而在我告诉他去看绘本之后，他不就听我的话了吗？

后来，每次我想让儿子不要做什么时，我都把溜到嘴边的"不要做"换成"妈妈希望你去做什么"。那次，儿子又在阳台的充气池中玩水，我笑着对他说："妈妈希望你动作轻一点，这样水就不会洒出来，我也会允许你多玩一会儿。"

为什么有些家长会失去对孩子的影响力？就是因为家长一味打击，缺乏正向激励。而只有在这种没有否定的正向激励下，孩子才会变得越来越听话，令人头痛的叛逆的"非要做"孩子也就会消失不见。

与其"吓唬"，不如"告诉"

那天傍晚，我在公园里散步。花圃里的月季花开得正艳，一朵朵又大又红，特别漂亮。突然，我听见一个小女孩的哭闹声："不嘛，不嘛，我想要摘一朵。"原来，小女孩被美丽的花儿吸引住了，想要摘下一朵据为己有，妈妈自然不同意，小女孩便哭闹起来。看到四周的人们投过来的目光，妈妈急了，压低声音说："听话，不然妈妈要不高兴了。"小女孩听了妈妈的话，竟一下子止住了哭闹，擦了擦脸上的泪水，乖乖地跟着妈妈走了。

这一幕其实并不陌生，相信很多家长都见过甚至自己也用过这样的方法。而这种方法似乎很有效果，每次我们一说"听话，不然妈妈要生气了"或者"别再闹了，不然谁谁谁要不高兴了"，孩子总会"缴械投降"，乖乖地听我们的话。可是，我们有没有想过，这句话为何有这么大的震慑力呢？其实，在这种"吓唬"的背后，折射出的是孩子弱小、无助、缺乏安全感的心呀。孩子还那么小，他们小小的心里一定充满了恐惧和担忧，与其说是怕妈妈不高兴，更实质的是怕妈妈的疏离、惩罚，甚至是抛弃。如此下去，只会让孩子更加缺乏安全感，变得更胆小、内向，不愿意接触外面的世界。

从更本质上来说，我们这种行为其实是误导了孩子对人际关系的认识以及辨别是非的能力。如果家长只是一味吓唬孩子，给孩子灌输"如果你怎样，别人会不高兴的"这样的概念，孩子会在潜意识里觉得，自己做事情要看别人高不高兴，而这种意识会逐渐影响到孩子的世界观。在与人交际中，他会变得畏首畏尾，越来越缺乏自信，缺乏自主的能力，甚至养成"讨好型"人格。因为他时刻在关注着别人的想法和态度。

公园里的花不能随便摘，真正的原因是什么？难道就是因为摘了妈妈会生气吗？其实并不是这样的，我们应该告诉孩子，园丁辛辛苦苦培育花儿很不容易，而且花儿长出来是供大家欣赏的，随便摘公园里的花是不遵守公共规则的表现，这种行为本身是错误的，所以，我们不能这样做。这样孩子会更懂得社会规则，也会明白评判一件事该不该做，最重要的不是别人高不高兴，而是这件事正确与否。

以后再遇到此类问题时，希望家长们不要再简单地"吓唬"孩子了事，而是耐心给孩子讲道理，传输给孩子正确的理念。其实，"吓唬"是家长偷懒的基因在作怪，只有家长耐下心来，做足功课，为孩子真正地答疑解惑，孩子才能健康快乐地成长。

帮儿子打赢"信心保卫战"

儿子小名叫"胖胖",人如其名,长得虎头虎脑,胖墩墩的,很像广告里说"身体倍儿棒,吃嘛嘛香"的那个小胖孩儿。邻居的那些个大娘大婶们看着胖胖直羡慕,恨不得让自家的孙子也一口吃成个胖子,胖胖的爷爷奶奶对此颇感自豪。

最近一段时间,我发现胖胖有点不太对劲。以前胖胖放学回家总是手舞足蹈地跟我讲在学校发生的趣事,我常常被他惟妙惟肖的表演逗得捧腹大笑。现在他一回家就把自己关在房间里,吃饭时话也不多,跟以前那个活泼可爱、爱说爱笑的孩子判若两人。刚开始时，我以为孩子只是心情不好，就没太注意。时间一长，我感觉事情不对，于是决定找胖胖好好谈谈。

面对我的询问，胖胖连声说没事。可"知子莫若母"，我从胖胖躲闪的眼睛里看出他并没有说实话。在我的再三询问下，胖胖终于说出了实情。原来胖胖班上有个调皮的小孩给他起了个外号叫"猪八戒"，他这一叫不打紧，班里好多同学都跟着叫了起来，还有一些同学因此不跟儿子玩了。

"那你心里是怎么想的？"我小心翼翼地问儿子。这事往严重了说，是同学们对他的侮辱和嘲笑，我想知道儿子能否承受得住。胖胖小声说："我觉得自己真像同学们说的那样又蠢又笨，要不然怎么大家都那样叫我？"听了儿子的话，我感觉既心痛又担忧。同学们的嘲笑已经伤害了儿子的自尊心，他开始对自我价值产生怀疑甚至是否定。儿子的心智还没有发育成熟，现在正是培养他的自尊心和自信心的关键时刻，这对他的一生都会产生不可估量的影响，这件事情决不容小视。我决定到学校找老师反映一下情况。

吃过午饭，我来到了学校。我想先去胖胖的教室看一下。刚到教室门口，正好看见有一个小男孩对着胖胖喊"猪八戒，猪八戒"，周围的同学哄的一下笑了起来，那个小男孩也得意地跟着笑。儿子涨红了脸，眼里满是愤怒，却坐在座位上没有动。看到此情此景，我真不知道该怎样形容自己的心情。作为母亲，我真恨不得一下子冲进教室当面呵斥那个小男孩。但理智告诉我不能那样做，因为那样做不仅可能帮不了儿子，还可能会给他造成负面的影响。

我稍微平复了一下自己的情绪，来到了胖胖班主任的办公室，我想让老师出面解决这件事。老师听了我的担忧和提议之后说："这件事确实不能马虎处理，作为老师我有责任解决好这件事。但是我们应该培养胖胖自己处理事情的能力，而不是一味地让家长和老师代他解决所遇到的困难。下午我会就此事召开一个主题班会，不过重要的还是要我们相互配合，帮助胖胖树立起自信。"

之后几天，我问胖胖班里还有没有同学嘲笑他。他摇了摇头说没有。可我发现儿子每天还是很沉默，一副心事重重的样子。听了我关切的询问，儿子委屈地趴在我的肩膀上哭了起来。原来这件事已经深深地打击了儿子幼小的心灵，现在儿子已经因自己的体形失去了自信，产生了自卑的心理。看着儿子无助的神情，我意识到仅仅帮助他排除外因还不足以让他找回自信，重要的是让儿子改变一下自身外在的形象。于是我决定进一步帮儿子甩掉自卑，找回自信。

为此，我除了在思想上给胖胖鼓励和教育之外，还专门为他制订了一个减肥方案。一是加强体育锻炼；二是饮食方面的控制。在上网查阅了很多权威专业的资料之后，我拟定了一个既能保证胖胖身体各方面正常发育的营养需求，又不会使他营养过剩造成脂肪堆积的健康食谱。这只是万里长征的第一步，接下来就该按计划行事了。每天清早六点钟我会准时叫醒儿子，带着他到外面跑步。现在虽然还是早春，但空气中已经有了阵阵暖意。路边的草丛中很多不知名的野花正次第开放，调皮的小鸟叽叽喳喳地在空中飞来飞去，连儿子也感叹：早起锻炼真好！一日三餐我就按食谱给胖胖做饭，儿子吃得挺香。一切都按部就班地进行着。

可好景不长，刚过了几天儿子就嫌饭不好吃了。也难怪，以前儿子每天是"无肉不欢"，现在餐桌上放眼望去是"满盘皆绿"。看着儿子可怜巴巴的馋猫相，我动了恻隐之心。但为了儿子的身心健康，我只能硬着心肠坚持下去。没想到儿子竟然开始绝食，拒绝吃我做的饭菜。不吃就不吃呗，我就不信饿极了他还不吃。可饿了几顿，儿子没有一点"发慌"的迹象，照旧生龙活虎。我有点纳闷儿了，要搁往常儿子早挺不住了。就在我胡乱猜测之际，一个现象引起了我的注意。我发现儿子老往爷爷奶奶的房间里跑，有时出来时手里还攥着纸巾——原来爷爷奶奶偷偷给儿子吃鸡腿呢！

　　这种情况让我很为难，刚好儿子的姑姑打来电话，说想接公公婆婆去她那儿住一段时间。两位老人征求我的意见时，我忙表态："爸妈，您二老就放心地去住吧，家里有我呢！"

　　爷爷奶奶走后，儿子失去了"保护伞"，很快就"缴械投降"了。有了儿子的配合，我们的"减肥计划"很快就有了成效。仅仅一个月的时间，儿子就瘦了十斤。再也没有人叫儿子"小胖墩"了，儿子看起来面色红润，很健康。更重要的是儿子恢复了往日的自信，重新变得活泼可爱了。就连胖胖的班主任也说儿子最近的变化很大，与前一阶段完全不一样了。

　　这天放学，儿子又跟我眉飞色舞地讲班里发生的趣事，还告诉我，他正准备竞选班干部呢！看到儿子的变化，我特别欣慰，我终于帮儿子打赢了这场"信心保卫战"！

　　自信心是人生前进的动力，是孩子不断进步的力量源泉。因此，父母在教育孩子的过程中，一定要重视其自信心的培养，必要的时候要和孩子并肩作战，找回自信。

少说"别人家的孩子"，
多看"别人家的父母"

开完家长会回来，想着老师表扬的都是"别人家的孩子"，我忍不住教训起了儿子："你能不能用点心呀，让我也自豪一下。你看看人家小华，日记写得那么好，老师说已经达到了发表的水平；小刚的知识面那么广，试卷上那么生僻的内容都能答对；小轩的文化成绩虽然不是那么优秀，但人家体育特别好，老师说作为特长生也是很有前途的……"

我滔滔不绝地说着，儿子低垂着头不吭一声，半晌，才抬起头来委屈地说："小华的爸妈上周刚带她去了海边，玩得很高兴，她的日记就是记录他们游玩的经历；小刚的妈妈每天晚上都会陪着他一起看书，还给他绘声绘色地讲解；小轩从小就喜欢跑步，他的爸爸也很喜欢，他们还常常比赛跑步呢！可是，你总是说忙，都没空带我出去玩，有时甚至好几天我都见不到你……"

儿子的声音不大，却字字句句落在了我耳朵里。也许儿子的话有狡辩和夸大的成分，但此刻我却无力反驳。一直以来，我的确没有好好陪伴过孩子，在儿子的学习、兴趣以及其他行为习惯上，起到的引导和培养作用非常有限。

有一年植树节，刚好那天是周末，老师给孩子布置了作业，要求和爸爸妈妈一起种树。那天早上我们准备出发时，我突然接到领导打来的电话，工作上出了点问题需要马上处理一下，于是我便让儿子和爸爸先去。后来一直到他们种好树回家，我才处理完工作，虽然儿子完成了种树的作业，但因为我的缺席，老师提出的诸如"妈妈负责哪个环节""妈妈的行为让你明白了什么道理"等问题，儿子都无从解答。

仔细想想，在儿子的成长过程中，作为母亲，我还有很多次的缺席。日常生活中各种主动的教育和陪伴我都没有尽到责任，和母亲长途旅行、学会母亲的一个技能、和母亲来一次比赛等老师布置的亲子作业，我也因为忙或者根本不在意而忽视了，就连参加家长会对我来说几乎都是无法完成的任务。在对孩子各方面的教育中，我远远不如别人家的父母。

　　当我们恨铁不成钢地教训孩子，埋怨孩子不如"别人家的孩子"时，是否应该问一问自己，我们是不是也不如别人家的父母？有了这种反省的态度，也许在面对孩子的教育时，我们能多一些清醒和责任，能找到更多的方法和可能。

需要解决的是问题，
不是孩子

儿子上小学二年级的时候，学习倒是挺认真的，但就是有一个毛病：做事情喜欢拖拖拉拉。一篇几百字的小故事，读了十几分钟都没有读完；有时候作业明明不多，却能从放学一直做到晚上十来点钟。我不知道这个习惯是怎样养成的，不过一开始我没有太在意，觉得不是什么大问题，随着年龄增长，会慢慢改变。

有一次，我接到儿子的数学老师打来的电话，她说在最近的一次测试中，儿子只考了70分。听到这个成绩，我首先是感到吃惊和意外，怎么回事？平时的作业我都检查了，他都会做，而且都做对了，怎么会考这么低的分数呢？老师揭晓了答案：他的试卷没做完，反面的一大半题都没做。

"他有点拖拉，导致做题速度很慢。我会慢慢引导他，你在家里也注意一下，我们一起帮他把这个问题解决掉。"数学老师最后说。我嘴上回应着老师，心里却早已怒火中烧。

接儿子放学，一路上，我都在批评他。儿子可能自知理亏，并没有反驳，噘着小嘴巴不吭一声。回家后，我没好气地对儿子说："写作业吧，给你半个小时的时间，必须写完！"儿子委屈地看着我说："可是今天作业……""没什么可是，必须完成！"我打断了儿子的话说。

儿子没再说话，拎着书包坐到书桌前开始写作业，我转身进了厨房去做饭。忙了半天出来，到儿子身边一看，他竟然还没写一个字！我大声问："怎么还没有写一个字？这大半天你都在干什么？"儿子怯怯地看了我一眼没有说话。我几乎控制不住自己的情绪了，忍不住吼道："有什么好想的？赶紧开始写不就行了？你是不是想气死我！你就不能改掉拖拖拉拉的问题吗？"

这时，儿子的眼泪都快要流下来了，他扬起小脸，看着我说："妈妈，我也不知道怎么回事，就是忍不住去做其他事情，你能帮帮我吗？"

在听到儿子的这句话时，本来怒气冲冲的我愣住了！同时想起了数学老师的话：我们一起帮他解决问题。是呀，儿子是有做事拖拉的问题，但是他还小，还不足以独自解决问题，他需要我帮助他一起解决呀！可是，我现在是在帮他吗？不，我只是在一味地指责他，甚至站在了他的对立面，让他原本面临的"敌人"，一下子变成了两个：一个是拖拉的问题本身，一个是蛮不讲理、咆哮如雷的妈妈。

我平静下来，坐在儿子身边，跟他道了歉："对不起，妈妈不该发这么大的火。别怕，有妈妈在，不管什么问题，妈妈帮你一起解决。"接着，我和儿子一起商量了对付拖拉的办法，比如写作业之前把所有的杂事都处理完，只要开始写作业就聚精会神，不要再管其他事情；书桌上尽量不要放太多杂物，以免造成干扰；如果遇到不会的问题，可以先隔过去，等做完其他作业后再来攻破……

看到纸上列出来的各种方法，儿子高兴地笑了，他说自己有信心改掉拖拉的坏毛病。我长舒了一口气，心里既开心又愧疚。

身为家长，在孩子遇到问题时，应该和孩子一起打败问题，而不是和问题一起打败孩子。要知道，你希望解决的是孩子的问题，而不是孩子。你需要和孩子并肩作战，打败你们共同的"敌人"。

允许孩子"不听话"，
是让孩子学会独立思考的第一步

女儿依依从小就是个听话懂事的孩子，这一点让我颇为自得。同院的孩子一个个调皮捣蛋，事事跟父母拧着来，女儿却始终乖巧地跟在我身后，对我说的话言听计从。我指东，女儿绝不向西。那副温顺可爱的样子，羡煞了其他家长。院子里经常响起家长们咬牙切齿的声音："你这猴孩子，怎么就那么不听话呢？你看看人家依依，多乖啊。"每每这个时候，我总是特别欣慰，特别自豪。

上了学后，女儿仍是班里最听话的孩子。不迟到，不早退，遵守纪律，按时完成作业，严格执行老师的吩咐和交代，简直就是一个不折不扣的"模范标兵"。每次开家长会，提到依依时，老师总是赞不绝口，有时整个家长会简直成了对依依的表彰大会。在其他家长羡慕的眼神中，我不禁有些飘飘然，为自己培养了这么一个听话的女儿而骄傲。

让我对女儿"听话"的行为产生怀疑，还是在半年前。那时，女儿上小学三年级。有一次，女儿放学回来兴奋地跟我说："妈妈，老师说这个周末带着我们去踏青。"我笑着点了点头，春暖花开，去外面走走确实好。过了一会儿，女儿突然想起什么似的，去衣柜里翻起了衣服来。"你干什么呀，依依？"我好奇地问女儿。女儿边找衣服边说："老师让我们穿件厚点的衣服。"女儿的话让我丈二和尚摸不着头脑，现在临近春末，平均气温在二十度左右，穿那么厚干什么？没想到，女儿却对我的话不以为意，她撇了撇嘴说："老师这么说自然有他的道理，我们照做就是了。"看着女儿翻出来的加绒卫衣，我不禁哭笑不得："穿这么厚，不热死了？"女儿歪着头，表情似乎很是为难，然而最终她还是坚持要穿这件衣服。

女儿严肃认真的样子让我也没有办法了。于是，我拨通了老师的电话，想要问问老师到底是怎么回事。打完电话，我忍不住大笑起来，原来，老师怕同学们热，再三交代他们，要他们穿透气性好一点的衣服，特别强调要"透"一点。可是，粗心的女儿却听成了"厚"一点。女儿听完我的解释，尴尬地笑了起来。笑过之后，我却突然产生了一丝忧虑，女儿好像对权威很是依从，这究竟是好是坏呢？

还有一次，我上班时候外出办事，路过女儿学校时，看到女儿和几个同学在校园里练习朗诵，当时太阳高照，女儿却正站在烈日下。我停下车，对着女儿招了招手，女儿看到我跑了过来。我问女儿："太阳那么毒，你怎么不站到阴凉的地方呢？""老师说了，让我们站在东边。"女儿认真地回答。正在这时，女儿的老师走了过来，他笑着解释："早上东边是阴凉，我就吩咐他们站在东边。唉，这些孩子们，太听话了。"老师说完摇了摇头，表情很是无奈。

我突然感到了问题的严重性：女儿现在完全盲从于权威，甚至失去了自己的思考和判断。而这，显然不是我想要的结果。回到单位后，我跟同事们提起了此事。同事们也都对此表示忧虑，他们说，听话看似是一件好事，实质上却扼杀了孩子的思考能力和自主能力，容易让孩子们产生依赖心理，危险来临时，还会造成很严重的后果。

此后，我总是给女儿讲一些大人犯错的小故事，告诉女儿，"权威"的话并不一定都是权威，也有错误的时候。并有意识地启发女儿自己开动脑筋，通过自主思考来判断一件事情正确与否，而不是对所谓的权威言听计从、全盘接受。一开始，女儿自然接受不了我的"胡说八道"，但通过大量的小故事，还有身边发生的实例，女儿渐渐有点开悟了，并开始对身边的"权威"进行质疑。

那天，女儿回家后，没有像往常一样叽叽喳喳地跟我讲学校里的见闻，而是默默地坐在沙发上，双手托着下巴，一副"思想者"的样子。我走过去问："怎么了，想什么呢？"女儿扬起小脸，瞪着一双眼睛纳闷儿地说："妈妈，今天学校举行火灾逃生演习，老师说必须让同学们排着整齐的队伍一个班一个班按顺序下楼。可是我想，学校如果真发生火灾，不可能全部班级都起火呀，哪个班离火源近不是应该先逃离吗？难道要按顺序等到最后才跑？"女儿忧心的样子，让我心头一喜——女儿终于会自主思考，并且敢对权威进行质疑了。

我耐心地告诉女儿，老师这样做是有一定道理的，但具体情况也要具体对待，要根据实际情况，灵活变通。听从权威的建议，但并不盲从于权威。女儿听后释然地点了点头，开心地笑了。

拿破仑·希尔曾说过："独立的思考可以拯救一个人的命运。"学校教给孩子的知识可能在今后的工作中用不到，但独立思考的能力却是孩子一定会用到的。父母要对孩子多些包容、理解与耐心，允许孩子"不听话"，允许他们有自己的想法。这是让孩子学会独立思考的第一步。

孩子"早恋"，
借助写信去沟通

从老师办公室出来后，我感觉整个人都是懵的：儿子竟然早恋了。儿子上初三，马上就要中考了，没想到会出这种意外。对于此事，老师之前就有留意，但没有太当回事，直到这次月考，儿子和那名女生的成绩有了大幅退步，老师才重视起来，并通知了我们。当然，孩子们成绩的退步可能并不全是早恋造成的，但不得不承认，早恋对孩子们的身心发展都有很大的影响，尤其是在如今学业的关键时期。

回到家后，我把儿子叫到跟前，跟他讲早恋的危害。我苦口婆心地讲了一大堆，儿子只是坐在我面前不发一言。最后，我让他表态，他仍是默不作声。在我的威逼利诱之下，儿子才勉强表示以后会把全部的精力放在学习上。

可是，事实并没有我想象的那么乐观。几天后，老师打电话告诉我，儿子上课经常走神，作业完成得也不是太好，看样子状态还没有调整过来。挂断电话，我的心里焦急万分，想着等儿子回来后非得好好教训他一番不可。可随即，我又意识到，强硬的手段也许并不可取，因为这很可能会激发孩子的逆反心理，导致更严重的后果。到底该怎么办呢？

儿子快要放学时，我突然接到一个电话，说单位里有一点急事需要我去处理。因为牵挂着儿子的事情，临出门的时候，我给儿子留了一张纸条，让他自己在家里写作业，顺便说了老师反映的情况，想让他给我一个解释。

处理完单位的事情回到家时，已经晚上十点多钟了，儿子已经上床休息了。餐桌上放着一张纸条，是儿子写的："我知道自己这段时间状态不太好，我也知道你很急，其实，我心里也很矛盾……不过你放心，我会尽快调整过来的。"原来儿子知道我在担忧呀！看到这张纸条，我的心里有了一丝安慰。我突然想，儿子性格比较内向，而且我们谈论的又是早恋这如此敏感的话题，儿子即使心里有话可能也不好意思当面对我说。那么，我们何不试试用写信的方式交流呢？

接下来，我给儿子写了一封信。我告诉儿子："有人喜欢你，说明你长大了，是一个值得被人喜欢的孩子，这一点妈妈也很开心。每个人可能都会经历这个阶段，这个阶段是美好而幸福的。但是它又存在着很多危险，作为学生，最直观的危害就是影响学习成绩，而且因为你们年龄很小，心智还不够成熟，早恋对于你们身心健康的影响都很大。"最后，我告诉他："真正的恋爱是，如果你真心爱一个人，你会为自己和她的将来而考虑，而不是为了眼下的一点快乐而耽误了彼此的将来。"

我把自己对儿子全部的爱和关怀都写在了这封信里。第二天晚上下班时，我收到了儿子的回信。在信里，儿子只写了一句话："妈妈，你放心，我会为自己的将来负责的。"看到这句话，我真正地舒了一口气。我知道，儿子明白了我的良苦用心。后来老师告诉我，儿子的状态已经完全调整过来了，而那名女生的成绩也有了进步。

面对孩子的早恋问题，简单的说教甚至打骂可能都不管用，这时，我们不妨用最传统的方式，把你想对孩子说的话都通过文字表达出来，这样会避免面对面时可能产生的各种情绪，你能够更加心平气和地表达，孩子也能更冷静更直观地明白你的心意。经过如此有效的沟通，问题自然就迎刃而解了。

假如孩子
没有跳过箱子

朋友推荐给我一段视频，说自己看了特别感动，而且很受启发。我好奇地打开视频，视频里是一所学校里发生的事情。一个小男孩在跳箱，面对高度超过自己的跳箱，他一次次地跳跃。第一次，失败；第二次，失败；第三次，失败……接连几次的失败让小男孩很沮丧，别的孩子并没有嘲笑他，但他早已经哭了，旁边也有家长在流泪，但没有上前帮忙。在小男孩又一次准备起跳时，其他小朋友纷纷上场，大家抱团对小男孩进行鼓励。最后一次，小男孩终于成功地跳过了箱子。

"我们也应该这样教育孩子，多给他鼓励和信心，就一定能取得成功。"朋友感慨道。"不，我不这么认为。"我摇着头说。说实话，初看这个视频，确实很感动，有一种热血澎湃的感觉——坚持就能成功，别人的鼓励和呐喊就是你成功的助力。但思索片刻，我却觉得很不舒服。

小男孩最后终于跳了过去，这很幸运。可是，假如孩子直到最后也没有跳过箱子呢？决定孩子能不能跳过箱子的最重要的因素是孩子自身的能力，如果能力暂时还没有达到，其他人再怎么鼓励和呐喊，他该跳不过去，还是跳不过去。所以我们不该夸大坚持和鼓励的作用，而是应该让孩子明白，努力也可能失败，重要的是失败后，不必泄气和沮丧，来日方长，我们还可以继续奋斗。

其实，这个视频透出来的理念在我们身边比比皆是，"要坚持，要努力，要提高自己的品质和修养"，是的，这些都没错，但最后它总是告诉我们"只要这样就能成功"。为什么一定要成功？为什么一定要如此急功近利？在生活中，成功的人有很多，但不可能每个人都能成功。更多的是我们这些普通人，可能一辈子都达不到世俗眼中的成功。那又怎样？我们依然可以在自己的位置上努力，进一寸便有一寸的欢喜。不求大成功，但有小进步，并且一直向理想中的生活靠近，这也许才是生活的真谛。

　　告诉孩子，可能最后你没跳过箱子，但是没关系，坦然地对大家微笑致谢，把大家的鼓励记在心底，然后继续努力。努力的过程才是最有意义的所在。这样，孩子也会更健康、更快乐地成长。

抛开"沉没成本"，心平气和地当妈妈

每个周末，女儿都会去同一小区的姑妈家里与表姐一起做作业。这天从姑妈家回来，女儿就钻进自己的房间，一直到吃晚饭的时候才出来，闷声扒拉了几口饭，又回了房间。

"闺女怎么了？看起来闷闷不乐的。"爱人问我。连神经一向大条的爱人都看出女儿的反常，我这个当妈的自然早就察觉到了。收拾好碗筷，我来到女儿身边，问："发生什么事情了吗？你看起来好像很不开心。"一开始，女儿只是沉默着，不肯说话。在我的再三追问下，女儿才告诉我，在回来的路上，她弄丢了一支笔。那是姑姑送给她的生日礼物，也是她最喜欢的一支笔。

"我是不是太蠢了？我记得每次用完我都放进铅笔盒里了，难道这次忘了放？可是即使放在书包的外层里，也不应该丢呀。是不是我在路上蹦蹦跳跳的时候丢的？"女儿絮絮叨叨地说着，眼泪都快流出来了。我赶紧安慰她："没关系，你要是喜欢，回头我再给你买一支同样的笔。"可是，女儿似乎听不进我的话，她仍旧沉浸在后悔和自责中，嘟囔道："真该死，都怪我不小心，早知道我就慢慢地走路，不跑也不跳了……"

女儿什么时候变成这样子了？为一件已经发生的、不可更改的事实而一再自责。虽然这算得上是一个失误，可是吸取教训争取以后避免不是就可以了吗？这样后悔、哭泣有什么用处呢？我不禁为女儿面对过失时的处理方式而担忧。

几天后，我和女儿坐在客厅里看电视，也许是看得太过投入，她不小心打翻了面前的橘子罐头，橘子洒了一地，汁水流得到处都是，女儿的裙子也弄湿了……

看着眼前的一团糟糕，我忍不住嚷嚷起来："哎呀，你怎么搞的？看看你，弄成这样子，这可怎么收拾！"女儿原本平静的脸一下子变得紧张起来，一副唯唯诺诺却又不知所措的样子，说："我不是故意的……我怎么这么笨啊……"

听到女儿的话，我顿时愣住了，似乎突然明白了什么——也许女儿沉浸在过失里不断纠结的根源在我身上！我曾对女儿讲过"不要为打翻的牛奶哭泣"这个道理，既然不好的事情已经发生，再哭也无济于事。可是，每次女儿犯错的时候，我总是忍不住发火，对她横加指责。如此，即使她原本可以坦然面对过失，也会因为我的指责而变得紧张、后悔。久而久之，自然会养成为错误哭泣的习惯。

"乖，这只是一个小失误而已，桌子擦一下、地板拖一下、你的脏裙子换一下就行了。以后注意一点就能避免了。"我揽着女儿的肩膀，尽量用柔和的语调说道。女儿看着我，似乎不敢相信。我笑着点点头说："这件事过去了，咱们接着看电视吧。"女儿这才坐回沙发，神情放松地开始看电视。

很多时候，家长总是为孩子的各种问题而忧虑，但其实这些问题的根源很可能在家长身上。想要让孩子学会不为"打翻的牛奶"哭泣，家长自己要先学会不为"打翻的牛奶"发火，抛开"沉没成本"，言传身教，让孩子学会用洒脱从容的心态去面对人生路上的每一次失误。

Part 6

正向引导，
让孩子学会自我管理

美国教育专家珍妮·艾里姆说，孩子的身上存在缺点并不可怕，可怕的是作为孩子人生领路人的父母缺乏正确的家教观念和教子方法。

引导孩子做
"高质量决定"

在学习上，儿子是个典型的"甩手掌柜"，什么学习任务在他看来似乎都可有可无，永远都是一副无所谓的样子。也难怪，打从小学一年级起，退休的爷爷奶奶就开始围着孙子转。孩子出门忘了带作业本，没关系，爷爷抱着作业本在后面跟着呢；孩子不记得老师布置啥作业了，没事，奶奶可以赔着笑脸打电话问老师；练习册上的题做不出来，爸爸拍着胸脯说，我帮你去请教隔壁的李老师。总之，有了这么庞大的"亲友团"，儿子学习上的一切问题都变得"so easy"（很容易）。

上了初中后的一天，儿子放学回来坐在沙发上，一边看电视一边漫不经心地跟我说："妈，老师要我们报特长，说中考时可以适当加分。我报什么呀？""你觉得你的特长是什么？"我随口问儿子。没想到儿子竟然摇了摇头说不知道，接着他说："随便，不管报什么都行。"

儿子无所谓的口吻以及眼神里的迷茫引起了我的恐慌。恨铁不成钢之后，冷静下来的我也认真地反思了自己，从小到大，儿子似乎从来没有自己做过决定。他上的兴趣班是我和老公决定的；现在读的中学，也是我们全家商量后决定的，儿子自始至终甚至都没有发表过意见。

和老公说了这件事后，老公也陷入了深深的沉思，他试探着问我："怎么办？""我们不能再替他做决定了。"我斩钉截铁地说，"让他自己做决定。"此言一出，儿子的爷爷奶奶竟齐声反对："不行，不行，这么重要的事情怎么能让孩子自己做决定，这可关乎孩子的升学呀。"

"爸，妈，我们已经替孩子做了太多的决定，可是你们看，孩子现在一点自主能力都没有。是到我们放手的时候了，过度的收紧只会让孩子更没有主见，让孩子对一切更无所谓。"我停顿了一下，缓和了口气，说，"不过，我们要对孩子的决定进行宏观掌控，给孩子一些必要的建议和指导。"爷爷奶奶无奈，只好同意了我的想法。

我把儿子叫到书房，认真地对他说："孩子，你都上中学了，这次就由你来做决定，爸爸妈妈全听你的。""真的吗？"儿子抬起头，不可置信地问。看我郑重地点了点头，儿子眼神中竟带着一丝兴奋和喜悦。"妈妈，我选体育好不好？我最喜欢跑步和打球了。"儿子沉思了片刻后，小心翼翼地问我。

"好呀，你有这方面的天赋。"我立刻表示了赞同，"不过，既然做出了选择，就要认真地去练，可不能再爱搭不理的。""我知道了。"儿子的小脸上第一次浮现出了认真的神色。

第二天一大早，儿子竟主动起床到楼下晨跑去了。看着平时要叫三四次才起床的孙子变化这么大，爷爷奶奶也欣慰地笑了。我知道，此次的"放手"会让儿子明白选择和担当的意义。

"做高质量决定"是一种领导力，需要练习。所以家长要多给孩子选择，多让孩子参与决定的过程，然后让他们自己去体验决定带来的"自然结果"。每个人都有选择的自由，但与此同时，也要有承担责任的勇气。

堵不如疏，
让孩子学会自我管理

和大多数孩子一样，儿子从来不懂得自我约束，动画片可以一看一整天，玩玩具上瘾时，再三催促都不肯去睡觉。尤其是零食，吃起来根本不知道节制，有多少吃多少，直到吃完为止。零食吃多了，饭自然就不好好吃，而且大部分零食都是膨化食品，吃多了上火，还会影响他的健康。

可无论我怎样苦口婆心地劝说，儿子就是不听，有时干脆撒泼耍赖，弄得我一点办法都没有。实在不行，我只好采取了"游击战"，把零食藏起来，让他找不到，看他还怎样吃！

没想到，此举一出，更激发了儿子的"战斗"热情。每天放学回来就惦记着找零食，眼观六路耳听八方的样子，还真像一个小侦探。"耶，太棒了！"听到儿子兴奋的叫声，我就知道又一个藏零食的"窝点"被他捣毁了。我不停地变换藏零食的地方，儿子不厌其烦地跟在后面找，而且他的兴致很高，似乎对这种"猫捉老鼠"的游戏很陶醉。

直到家里所有能藏零食的地方全部藏遍，我再也无计可施之时，儿子不懂自我约束的行为还是一点都没有改观。

这晚，我无奈地坐在沙发上叹气，一直在旁边观战的老公开了口："藏能解决问题吗？我觉得可以试着让儿子自己保管零食。"

"什么？我们控制都控制不了呢，让他自己保管，那他还不更可劲儿吃了。"我连忙反对。

老公冷静地说："堵不如疏，说不定可以收到奇效呢。"听了老公的一番分析，思索片刻之后，我决定试一试。

我把零食都放到一个箱子里，对儿子说："以后，这个箱子就由你自己保管了。"

儿子疑惑地望着我，似乎不敢相信。

我笑了笑，继续说："妈妈知道你一定是一个很好的管家，我们现在制订一个计划好不好？"

儿子点点头，兴奋地表示："一定按照计划吃零食，绝对不多吃。"

一段时间之后，我惊喜地发现儿子确实没有再狂吃零食，他变得有节制多了。于是，我便乘胜追击，让儿子自己控制看电视和玩玩具的时间。看着儿子脸上的得意和兴奋，我知道，这个自我约束的方式一定又成功了。

《国语》有言"堵不如疏"。治水如此，教育孩子亦是如此。堵不如疏，疏不如引。与其费神费力地约束孩子，倒不如给孩子一个"藏宝箱"，让孩子自我约束。如此，既从根本上解决了问题，又让孩子感受到了尊重，还培养了孩子的自主能力，何乐而不为呢？

学会给孩子
"有效惩罚"

"你做作业怎么这么不认真！你说说这是怎么回事？"晚上检查作业时，我拿着儿子的作业本，气得几乎说不出话来，他的作业不仅字迹潦草，还错了好几道很简单的题。儿子低下头，支吾了半天回答："放学时我和小轩约好了，做完作业到楼下踢球，听到小轩下楼的脚步声，我就急了……"

"重写！"我二话不说，一挥胳膊撕掉了那张作业，然后把本子递给他，让他重写。儿子却站在原地，呆呆地盯着我手里撕掉的那张纸，眼神里似乎还闪着一丝泪光。儿子的反应让我微微一愣，但我转而又想，作业写得这么差，重写是很应该的，于是吩咐儿子赶快去写，自己则转身去忙别的事情。

第二天早上送儿子上学时，我发现他无精打采的，不像往常那样爱说爱笑，问他话时，他也只是简单地回答几个字。"这小家伙，是不是因为昨晚的惩罚，记仇了？"我在心里嘀咕，并未放在心上。

没想到一连几天，儿子都是一副心事重重的样子，不怎么爱搭理我，有时还会刻意躲避我的目光。这孩子，难道还不能批评，不能惩罚了？作业写不好就应该重写嘛，一定要养成良好的学习习惯。我忍不住向刚出差回来的老公抱怨，并讲述了事情的经过。

老公听完，沉吟片刻说："我觉得你应该向儿子道歉。"凭什么？他犯了错我还要向他道歉？难道孩子错了还不能惩罚吗？我理直气壮地瞪大眼睛准备反驳。

老公示意我冷静，然后不疾不徐地说："惩罚是可以的，但是你的方法不太妥当。在撕孩子作业本的时候，你考虑过孩子的感受吗？作业写得虽然不好，但那也是他的劳动成果，我们应该尊重孩子以及孩子的劳动成果。重写是带着尊重的一种教导和要求，但不该撕掉，因为撕掉就是一种伤害孩子自尊的行为了。这可能对他以后学习的积极性甚至人格的形成都会有很大的负面影响。"

是呀，我怎么能把最关键的一点给忽略了呢？孩子也是有自尊的，作为家长，我们要做的应该是给予孩子充分的尊重，即使惩罚，也不该随意伤害他们的自尊。

我把儿子叫到身边，认真地跟他道了歉，儿子懂事地说："妈妈，其实我知道自己错了，以后我一定会认真写作业的。"看着儿子脸上重新绽放的笑容，我也欣慰地笑了。

心理学家马努·卡普尔曾提出"有效失败"的概念——从失败中汲取教训。那么，通过惩罚，让孩子在犯错中成长，就算是"有效惩罚"了。

在孩子的成长过程中，犯错在所难免，适当的惩罚可能也在所难免，但我们一定要学会管理自己的情绪，给孩子有尊重的惩罚，然后和孩子一起建立"有效惩罚"的思维模式，让孩子更健康地成长。

成长，
从学会拒绝开始

❧❧❧❧❧❧❧❧❧❧❧❧❧❧❧❧❧❧❧❧❧❧❧❧❧❧❧❧❧❧❧❧❧❧

　　儿子胖乎乎的，看起来虎头虎脑，爷爷奶奶一直引以为荣，对他格外偏爱。有一次，婆婆从外面带了儿子最喜欢吃的鸡翅，不过我们刚吃过午饭且儿子吃得特别多，我没好意思对婆婆说这些，最终的结果是婆婆的好意换来了儿子的肚子痛，后来吃了些药才好。

　　还有一次，我带儿子去大姐家里玩。小表姐拿出自己的零食来和小表弟分享。其实，我知道儿子最不喜欢吃甜食但他却不懂如何拒绝。大姐的热情让我也不好意思说出实情，只好看着儿子别扭地尝了一小口。

类似的事情还有很多，时间长了我发现儿子变得越来越没节制，而且也没有从前懂礼貌。明明吃饱了饭看到好吃的却还要吃，小小年纪就一身横肉；别人给他吃东西，即使再不喜欢他也要接过来咬一口后再扔掉……我认识到了问题的严重性，长此以往，不仅有损儿子健康，还会让他养成很多不良习惯。亲人和朋友看似对儿子的好意，其实对儿子来说更是一种伤害。

仔细反思一下，我觉得问题还是出在我身上，儿子还小没有辨别是非的能力，本应由家长来把关。作为家长，我应该勇敢地站出来替孩子拒绝这种"好意"。与此同时，我又想，可不可以给孩子树立正确的观念，引导孩子学会拒绝"好意"呢？如此，岂不是更好？

那天，邻居李阿姨热情地喊住儿子要给他吃刚蒸好的肉包子。我问儿子："你刚刚吃饱饭了没有？"儿子点点头，说："可我还想吃李奶奶的肉包子。""可是如果你再吃的话，肚子又会疼的，不仅要吃药，还有可能要打针。"我拍了拍儿子的小肚子接着说，"而且，再吃你的小肚子会变得更大，班里的同学就不喜欢和你玩了。"

听了我的话，儿子竟不好意思地笑了。我接着说："那你自己跟李奶奶说吧。"儿子走到李阿姨身边说："李奶奶，我在家里已经吃饱了，谢谢您。"当儿子说完欢快地向我跑来时，我赞赏地对他竖起了大拇指。

此后，每次遇到这种情况，我都会鼓励儿子"拒绝"，碰到儿子不喜欢的东西，我也会鼓励他大胆地说出自己的想法。一段时间之后，我惊喜地发现，儿子不仅变得越来越健康，而且还更懂礼貌了。

"拒绝"，对成人来说都不算一件容易的事情。但身为家长，我们必须要教会孩子拒绝，第一步就是以身作则，勇敢地为孩子做出榜样。孩子的成长，从学会拒绝开始。

适当放手，
给孩子一些选择的权利

期末考试结束，孩子们迎来了期盼已久的寒假，也即将迎来喜气洋洋的春节。与孩子们一起做寒假计划时，女儿突然问我："妈妈，我们不要制订寒假计划了。不用复习、预习，也不要阅读。想怎么玩就怎么玩，过一个轻松的寒假，可以吗？"女儿的话立刻得到了儿子的附和，看着他俩充满期待的眼神，我无奈地笑了笑。其实，我何尝不理解他们的心情呢？

在我读书的时候，每次放假，我都恨透了老师布置的作业。既然放假了，为什么不能让我们畅快地玩，非要安排这么多"苦差事"呢？这种抵触的情绪一直积攒到我小学毕业的那年暑假。我想着，小学都结束了，这下可以好好玩了吧！于是，我疯玩了整个暑假，没有看过一页书，没有做过一道题，完全把老师的叮嘱抛在了脑后。这一个暑假是我过得最轻松最快乐的暑假。

然而，新学期开学后，我再也高兴不起来了。两个月的时间让我遗忘了很多知识点，重新拿起书本竟然有一种很陌生的感觉，迟迟无法适应。更重要的是，同学们大多预习了学习内容，学起来特别快。一眼新书都没有看过的我，脑子像生锈了一样，学习起来非常吃力。这种被动的状态一直持续了将近一个学期的时间，才慢慢得到缓解。而背后的代价是每天早上我都比同学早来一个小时，放学后比他们晚走一个小时——我需要用更多的时间，争分夺秒地学习，才能赶上学习的进度。

当时老师对我说的话，至今仍让我刻骨铭心，他说："如果你想要一天过得轻松，就会有一年的时间感觉辛苦；如果你一天过得辛苦，往后就会越来越轻松。"当时年少，我只是似懂非懂地点了点头。多年过去，历经世事后，我越来越明白老师话里的含义，也越来越觉得老师说得很有道理。

其实，很多事情都不是独立存在的，它们是互为因果的。贪图短时间的轻松和快乐，只会给将来带来艰辛和痛苦；而短时间内的辛苦和付出，换来的则是长远的轻松和舒适。在学习上尤其如此。你当然可以选择过一个轻松的假期，但可以预想到开学后你会多么忙乱，甚至还要面对落于人后的局面。如果你可以合理地利用这个假期，有计划有目的地学习，那么，你在这个假期里吃的苦，会让你在开学后的学习中变得更轻松、更游刃有余。

"孩子，要不要过一个轻松的寒假，你们自己来选择。"最后，我笑着说。听了我的解释，孩子们迫不及待地回答："妈妈，我们快来制订寒假学习计划吧！"

适当放手，给孩子一些选择的权利，会激发他们的主动性和自觉性。我相信，假期里的学习会让他们在春节里的聚会玩耍变得更有意义。

别让孩子养成
"讨好型"人格

由于要上班，女儿刚满一岁，我就把她交给了婆婆带。每天下班回来，女儿本能地想跟我亲近，却远远地打量着我，眼神里既有对母爱的渴盼又带着一丝陌生的犹豫。这时，我会带着满脸的笑容，温柔地招手，说："来，依依，让妈妈抱抱。"女儿这才欢喜地扑到我怀里，在我的怀里撒娇。

一个周末，我本来打算带着女儿去公园里玩，突然接到了领导的电话，要我马上去单位一趟。于是，我只好跟女儿商量："妈妈临时有事去不了公园了，等下午妈妈忙完再带你去好不好？"

已经走到门口的女儿自然很不情愿，她嘟着小嘴抱着我不肯松手。就在我无计可施之时，婆婆伸出双臂对女儿说："依依，听话，来让奶奶抱，不然妈妈可要不高兴了。"听了奶奶的话，女儿抬头小心翼翼地看了看我的脸色，然后就松开了我。当时我心里挺感动的，小丫头还挺在乎我的，怕惹我生气呢。

小孩子总会有调皮和不懂事的时候，有时候女儿会把屋子翻得乱七八糟，还会拿着画笔在墙上、床单上涂鸦。婆婆带着她去外面玩的时候，她也会不懂事地嚷嚷要采摘公园里的花朵。每次婆婆哄劝不下的时候，就会祭出"撒手锏"，让她听话，因为"不然妈妈要不高兴了""不然园丁阿姨要生气了"。每每此时，女儿总会伸出舌头，小眼睛滴溜溜看看四周，然后带着一脸畏惧停止自己的"破坏行为"。婆婆对我说起这些的时候，很是得意，我也跟着笑，并未觉得有什么不妥。

直到那次，女儿从幼儿园回来，满脸的不高兴。我忙问："怎么了依依，不开心吗？"女儿噘起小嘴，小声说："小溪把你送我的芭比娃娃拿走了，那可是我最爱的娃娃呀。""既然你那么喜欢，为什么要送给小溪呢？"我不解地问。女儿低下头，极不情愿地说："我也不想送给她，可是如果我不答应她，她会不高兴的。"

听了女儿的话，我突然觉得问题有些严重，从什么时候起，女儿变得没有自己的判断力，而是完全依靠别人高不高兴来作为自己行为的标准呢？而这样的后果，只会让女儿变得唯唯诺诺，是非不分。坐在一旁的婆婆把我拉到一旁，忧心忡忡地说："这种情况不是第一次了。有一次依依回来说自己的蜡笔被昊昊抢走了，我问她怎么没告诉阿姨，依依说，如果她告诉阿姨，昊昊会不高兴的。""这小丫头，怎么只想着别人高不高兴呢？"我疑惑地说。

说到此，我和婆婆对视一眼，似乎都想到了一个问题，是的，女儿之所以变成这样，最大的原因其实在我们身上！一直以来，我们都在向女儿传达着这样一个信息：如果一件事会让别人不高兴，那么就别做了。这样确实可以阻止女儿某些不懂事的行为，可是我们却忘了告诉女儿最重要的一点，做不做一件事最根本的原因不是别人高不高兴，而是这件事到底该不该做。

我拉着女儿的手，轻声对她说："依依，别怕别人不高兴，你要看看你做的事情是正确的还是错误的。比如你要摘公园里的花朵，这样做对不对呢？""不对。"女儿认真地想了一会儿说，"老师说过，园丁阿姨辛辛苦苦培育了花，是要给大家观赏的。"

我点了点头，说："是呀，所以我们不是怕别人不高兴，而是这件事本身就是错误的，所以我们不能做。""那今天小溪问我要娃娃，我可以不给她的。"女儿歪着头肯定地说。我拍了拍女儿的小脸蛋，笑着说："如果小溪也喜欢，你要学会和她分享。不过娃娃是你的，你可以决定给不给她。"

"讨好型"人格的孩子会非常在意他人的评价，不懂拒绝，总是去猜测并迎合他人的想法，习惯以他人为中心。这样的人是不幸福的。父母要帮孩子树立正确的观念，分清楚"对错"与"讨好"的区别，给予孩子充分的尊重和支持，让他们自在地成长。

把家庭"财政大权"
交给孩子

　　儿子年龄不大，对金钱的占有欲却是越来越高。前两年，我给多少零花钱他就要多少，现在胃口却越来越大，总嚷嚷着零花钱不够花。怕儿子养成花钱大手大脚、不懂节制的习惯，我就骗他说家里很穷，如果他这样花下去，我们以后可能连饭都吃不上了。这一招还挺好使，很长一段时间，儿子不再多问我要零花钱。

　　直到有一次，我去接儿子放学时，他和一群同学站在校门口等待。天气很热，其他同学手上都拿着饮料或者冰棍，儿子手上什么都没有，眼巴巴地看着其他同学大快朵颐。我问儿子，你想吃怎么不买？儿子犹豫了一会儿，认真地回答："我想把零花钱攒起来，万一咱家吃不上饭了，可以拿出来用一下。"我当时感觉又好笑又心疼，没想到自己随意撒的一个谎给儿子造成了这么重的心理负担。放任自流不行，哭穷也不行，到底该怎么办好呢？

第二天是周末，我按照之前的约定带儿子去公园里玩。由于走得匆忙，手机和钱包都落在了家里，到公园时，我才发现，我的全身上下只有100块钱。"咱们只有100块钱。"我掏出钱给儿子看。听了我的话，儿子似乎有所担忧，但很快他就笑了起来："没事，咱们好好安排一下怎么花。"

接下来的一天，儿子表现得特别有主见，而且特别懂事。要是平时，他肯定每样游乐设施都想玩，但因为知道"家底"，他不得不选择几种最想玩的，剩下的只好先忍痛割爱。中午，我和儿子去吃东西，我要了一份凉皮，儿子打算要一碗牛肉面，但看到牌子上的价格时，他犹豫了一下："牛肉面12元，鸡蛋面8元，我还是要一碗鸡蛋面吧，能省4块钱，咱们回家坐公交车的钱就有了。"

虽然受了一天"委屈"，但晚上回到家时，儿子竟十分高兴。看到儿子兴奋的样子，我突然想，为什么不把家里的"财政大权"交给他呢？这样一来，他对家里的收入和开支有了大概了解，花起钱肯定能更有规划。对于我的这个想法，爱人也很赞成。于是，我们给儿子一个账本，让他负责记账。我们告诉他，爸爸的工资用来储蓄，作为以后他上大学或者我们养老的资金，这个钱轻易不能动。妈妈的工资用来支付日常开销，全家一个月的所有花销都要靠这些钱了。

自从掌握了"财政大权"，儿子变得勤快、认真，每花一笔钱出去都要记在账本上，有时看钱花得多，他还会皱起眉头心疼不已。当然，他自己的零花钱也花得更有节制了。"需要花钱的地方太多了，我可别搞出财政赤字来。"儿子一脸忧心地说。惊喜的是，在母亲节那天，儿子竟然还为我准备了一份礼物，他说，这是从其他地方省下来的钱，因为把钱花在这里，更有意义。

很多人可能都纠结过，到底要不要让孩子知道家里的收入状况。其实，我们可以试着让孩子参与到家庭开支的管理中，让孩子对家里的经济状况有更直观更深入的了解，这不仅能增加孩子的家庭主人翁感，还会帮他们树立正确的理财观。有时候，为人父母者，不要太高估自己，也不要太低估孩子。

兴趣不是
"没毅力"的借口

儿子生性活泼好动，自从在电视上看了跆拳道比赛后，便一直嚷嚷着要学习跆拳道，看着小家伙兴致勃勃的样子，我便带他报了个跆拳道班。还别说，儿子不仅练得有模有样，而且积极性还特别高，每到周六下午，儿子就早早地换好服装催我送他上课，连教练都夸儿子表现好，有潜力。

刚过去两个月，儿子的热情便一点点消失不见，从最初的拖延时间去上课发展到找各种借口不去上课，最后直接跟我摊牌："妈妈，我不想学跆拳道了。""为什么？你不是对这个很感兴趣吗？"我反问。"那是以前，现在我不喜欢了，不想学了。"儿子继续辩解。看到儿子一再坚持，老公私下跟我说，都说兴趣是最好的老师，既然他没有兴趣了，强迫他学习估计也没什么效果，不如尊重他的选择吧。

仔细想想，我觉得老公说的话在理，便同意了儿子的要求。过了一段时间，儿子突然又对画画产生了兴趣，一门心思地想要学习画画，作为家长，我们对于孩子的爱好当然全力支持。于是，儿子又兴高采烈地背着画夹学画画去了。可惜，好景不长，几个月后，儿子又对画画厌倦了："妈妈，我讨厌学画画，太闷了。我想学习跳街舞，炫酷好玩，还能锻炼身体。你说呢？"

面对儿子征询的眼神，我突然认识到了问题的严重性。是的，兴趣是最好的老师，如果没有兴趣，是做不好一件事情的。可是，这是否就意味着可以随着一时的兴致而随意改变自己的行动呢？如此一来，和朝三暮四、半途而废又有什么区别？兴趣是人们做某件事情的前提，但仅仅有兴趣却是不够的，还需要有毅力坚持下来，而不是遇到一点倦怠和困难，就以"兴趣"为借口而放弃。

"孩子，我尊重你的选择，可是我希望你能分清楚没兴趣和没毅力的区别。"我拉着儿子的手，认真地对他讲解了自己的看法。最后，我拍着儿子的肩膀说："妈妈希望你能坚持下来，克服你说的'画画太闷'这个困难，等克服这个困难之后，我们再来看你是否还有兴趣，好吗？"虽然儿子听得似懂非懂，但还是一本正经地点了点头。

此后，我又陆续给儿子灌输了一些坚持的理论，还找来了很多名人克服困难，靠着坚强的毅力达成某项成就的故事。我要让儿子明白，他所说的没兴趣其实正是缺乏毅力的表现，是遇到困难便想放弃的借口。业余时间，我还带着儿子外出游玩，让他近距离地接触大自然的美景，然后再用画笔把看到的景色画下来，这样自然就不会觉得闷，反而会觉得充满了乐趣。

"妈，时间到了，快送我去画画班呀！"这天又到了去学画画的日子，儿子背上画夹，站在门口催促我。看来，他对画画重新产生了兴趣。

培养和训练孩子的毅力需要时间和耐心，首先要让孩子明白毅力的真正含义。父母表达出对孩子的信任和赞扬，可以帮助孩子更好地理解自己的优点和价值，从而更有毅力去克服困难，坚持到底。

读书时应该加以分析，
不能盲从

женщина从小就喜欢读书，虽然认识的字很有限，但根据书上的图画连蒙带猜，也能大致读懂书上的内容。认识的字越来越多后，女儿读书的兴趣更加浓厚了，书读得多了，跟我们说起话来，还常常"引经据典"，那副认真的样子活像一个小学者，引来了亲友们的啧啧称赞。

那个周末，我带女儿去爬山。面对雄伟的高山，女儿显得很兴奋："我一定要坚持爬到山顶！"然而，爬到半山腰时，女儿已经累得气喘吁吁了。确实，对于女儿的年纪来说，要爬上这座山实在太难了。"我们下次再继续爬吧，今天就到这里了，先坐下来歇会儿。"我拉着女儿的手说。"不行，"没想到小丫头却把头一扬倔强地说，"书上说了，不能轻易说放弃，做事情一定要坚持到底。"我摇了摇头，只好带着她继续往上爬。也许是女儿体力不支，在上一个陡坡的时候，她脚下一滑，差点摔倒。虽然我及时扶住了女儿，但她还是扭伤了脚。我赶紧让女儿坐下来休息，然后打算带她下山，没想到女儿却仍然不肯："不行，书上说了遇到困难也不能放弃！"

看着女儿一边龇牙咧嘴喊疼一边坚持不肯下山的样子，我突然认识到了问题的严重性。是的，女儿已经完全把书本上的东西奉为真理，丝毫不顾及实际情况，不懂得要把实践和理论相结合，甚至都不去思考书中内容的正确性到底有多少。如果书上的某个理论是以偏概全的，甚至是完全错误的，女儿肯定也会全盘接受。"尽信书不如无书"，女儿喜欢读书没有错，但读书是为了明理，是通过自己的思考，分辨出道理，而不是不加思考，全盘复制书本上的东西。这样子也就失去了读书的意义，甚至会对她产生不好的影响。

后来，我耐心地给女儿讲了这些道理，并带着她下了山。之后女儿再读书的时候，我会陪着她一起读，读完之后，我会提出一些问题和她讨论、交流，促使她自己开动脑筋思考，明白书上为什么会这样说，这样说到底对不对。刚开始的时候，女儿会露出不可思议的表情，说："书上说的怎么会错呢？"但我坚持用思考的态度来引导女儿，我相信她慢慢会明白怎样读书更正确。

那天，女儿拿着一本书主动跑过来问我："妈妈，书上这里说的好像不太对呀，我觉得不该是这样的。"我笑了，也许女儿的看法不一定正确，但重要的是她学会了思考，更明白了该怎样去读书。

"尽信书不如无书"，读书时应该加以分析，不能盲目地迷信书本，不能完全相信它，要有一点怀疑的精神，不要盲从或迷信。告诉孩子这个道理很简单，但要让孩子真正理解它的含义并运用到实践中去，父母任重而道远。

孩子的善良
要有点锋芒

放学回来，女儿闷声闷气，似有不快。问其原因，女儿委屈地说："本来我和几个同学说好下午去参加音乐社团，可他们都临时变了卦，改去参加美术社团。害得我一个人在音乐社团，连个伴儿都没有……"为什么大家答应了却都没做到呢？难道有什么特殊的原因？这一点是我最为好奇的。

女儿说，她也问他们为什么要变卦，他们笑嘻嘻地说，听说美术社团来了一位新老师，他们就想去看看——"反正你也不会生气的"。我更加不解，问："他们为什么说你不会生气呢？"女儿仰着小脸回答："你不是告诉过我吗？要大度一点，不要和别人计较太多。所以每次他们做了让我不开心的事情，我都没有生气。"

女儿的回答让我有一丝心疼。是的，我是这样教育女儿的，但我从来没有说，面对别人不断的伤害，我们要毫无底线地一直包容。我给女儿讲了一件小事。

有次我外出办事，中午到一家快餐店吃饭。等餐的时间里，有个客人不停地催促服务员，还不断支使服务员拿各种东西。最后，服务员毕恭毕敬地先给那个晚来的客人上了菜。当时我并未在意，想着早一点晚一点都无所谓，反正也不急。而且服务员也挺不容易，一个人要照顾那么多客人。我点的菜终于上桌，当我客气地请服务员帮我拿一头蒜时，服务员却毫不理会，甚至还极为不耐烦地白了我一眼。那一刻，我知道，在服务员心里，他已经给我下了定义：这个人不难缠，不必认真对待。后来，我又一次提出了要求，并且加重了语气，服务员则很快帮我把蒜拿了过来。

很多时候，我们的厚道和不计较会让人觉得我们这个人无足轻重，反正他不会计较，所以他们会在不自觉中少了分寸和尊重；而一个难缠的人，会让大家都忌惮三分，不太敢做怠慢他的事情，甚至连说句话也要斟酌半天。

孩子，妈妈并不是让你做尖酸刻薄的小人，只是想告诉你，有些时候，你不妨"难缠"一点，要有自己的原则和要求。你可以坦诚地告诉同学："你们的行为让我不开心了，但因为我们是朋友，所以我可以原谅你们。可如果下次再这样做，我就真的生气了。"

很多时候，毫不计较和失去尊严只有一步之遥。父母教育孩子宽容、大度、为人和善很重要，让孩子懂得保护自己的尊严同样重要。

帮助孩子养成
合理购物习惯的好方法

儿子越来越大，想法越来越多，购物要求也跟着"升级"，今天想要一个玩具汽车，明天想要飞机模型，后天又想要一盒积木……简直是层出不穷。不答应吧，怕打消儿子的积极性，让他失望；可如果全部满足他的要求，一来钱包会空，二来很多东西他买来玩几下，就束之高阁，可以说是一种浪费。可是，什么该买，什么不该买，我又一时难以取舍。为这事儿，我没少发愁。

这天，儿子放学回来，拉着我的手让我给他买一个足球。什么？前两天刚买了一个篮球，怎么又想要足球了！听了我的疑问，儿子回答："我觉得踢足球能锻炼身体。"这算是理由吗？我记得买篮球的时候，他也是这么说的呀！

"不行，这个理由不成立，不能买。儿子，妈妈会尽力满足你的要求，但是咱也不能乱花钱呀！"我无奈地对儿子说。儿子张开嘴似乎想要反驳，但又闭上嘴巴，什么都没说，转身回了自己的房间。

晚饭时，儿子拿着一张纸走了出来，他说："妈妈你看，这就是我想买足球的原因。"在这张纸上，儿子认真地列出了想买足球的理由，足足有十条呢！他说因为帅气的足球老师，他喜欢上了踢足球；他觉得自己缺乏耐力，而踢足球能很好地锻炼耐力……在最后，儿子还表示，踢进世界杯，为国争光是他的梦想呢！

我忍不住笑了起来，没想到儿子还有这么多小心思。看来，这次他并不是心血来潮，而是真心想买一个足球。既然这样，我还有什么理由拒绝呢？在周末，我带着儿子让他挑选了一个满意的足球。之后，儿子果真如他说的那样，每天都会早起踢一会儿足球，周末也不睡懒觉了。

我突然意识到，我找到了一个帮助儿子养成合理购物习惯的好方法，就是在买任何东西之前，让他写一个申请报告。就像这次买足球一样，把自己想买的理由列出来，然后由我来审核到底有没有买的必要。听了我的想法，儿子也表示认同。

此后，儿子再想买什么东西时，他会先问问自己：真的有必要买吗？他可不想为了一件没那么想要的东西而去特意写一份申请报告。如果是十分想要的东西，在写申请报告的时候，他也可以顺便理清思路，知道如何更好地利用，真正做到"物尽其用"，而不是买回来就弃置一旁。

时间久了，我发现儿子有了很大的变化，他不再像以前那样提出乱七八糟的购买要求，也不再"冲动消费"——在向我提交购物申请报告之前，他自己就否定掉了那些不是真正需要的东西。有时候，我们一起逛街时，儿子还会提醒我："你可想好了，这东西真的是必要的吗？"看着儿子一本正经的样子，我还真是觉得欣慰呢。

孩子年龄还小，很容易被各种东西诱惑，分不清楚什么是不必要的物欲，什么是真正需要的东西，所以就会做出让父母头疼的"乱花钱"的行为。而写一份申请报告则能帮助孩子梳理买东西的理由和用途，让他们分辨出哪些东西是自己真正需要的。